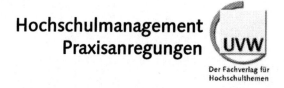

Hochschulmanagement
Praxisanregungen

Der Fachverlag für
Hochschulthemen

Verborgene Bilder - große Wirkung

Hochschulmanagement
Praxisanregungen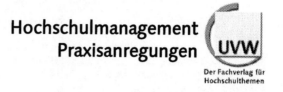

Der Fachverlag für
Hochschulthemen

Christina Reinhardt (Hg.)

Verborgene Bilder - große Wirkung

Was Personalentwicklung an Hochschulen bewegt

UVW UniversitätsVerlagWebler

Bibliographische Informationen der Deutschen Bibliothek
Die Deutsche Bibliothek verzeichnet diese Publikation in der Deutschen Nationalbibliographie;
detaillierte bibliografische Daten sind im Internet über <http://dnb.ddb.de> abrufbar.

Christina Reinhardt (Hg.):
Verborgene Bilder - große Wirkung
Was Personalentwicklung an Hochschulen bewegt

ISBN 3-937026-28-2

Umschlag: Ute Weber GrafikDesign, Geretsried
Papier: Werkdruckpapier
Druck: Hans Gieselmann, Bielefeld
Printed in Germany, Juni 2004

Inhalt

Christina Reinhardt
Personalentwicklung an Hochschulen und im Open Space.
Ein Wetterbericht zur Einführung...03

Heiner Minssen und Rüdiger Piorr
Warum entspricht die Vielfalt von Personalentwicklungs-
maßnahmen der Anzahl der Unternehmen, die sie einsetzen?
Personalentwicklung und verborgene Bilder von Organisationen............13

Stephan Laske und Claudia Meister-Scheytt
Domestizierung des Personals oder Entwicklung von
Persönlichkeiten? Zu Wirkungen und Nebenwirkungen der
Personalentwicklung an Universitäten...33

Ferdinand Rohrhirsch
Wer wissenschaftlich führen will, verhindert Führung konsequent.
Ein Plädoyer für mehr Ethik und weniger Technik 44

Peter Maas
Führung ist nicht Persönlichkeitsentwicklung, sondern die
Anpassung des Mitarbeiters an den Arbeitsplatz...............................54

Katrina Petri
**Führen oder
was wir von Gänsen und Open Space lernen können**..........60

Monika Rühl
Diversity Management..........66

Michael M. Pannwitz
open space
Geschichten, Erfahrungen und Theoriehappen..........78

Autor/innenverzeichnis..........102

Personalentwicklung an Hochschulen und im Open Space: Ein Wetterbericht zur Einführung
Christina Reinhardt

1. Personalentwicklung an Hochschulen: Ein Thema im Aufwind

Die richtige Person am richtigen Arbeitsplatz! Mit dieser Aussage wird das Ziel von Personalentwicklung häufig auf den Punkt gebracht. Je nachdem, von welchem Standpunkt aus argumentiert wird, werden eher die Interessen der Organisation: Steigerung der Effizienz und Gewinnmaximierung oder die Interessen der dort Beschäftigten: Gute Arbeitsbedingungen und hohe Arbeitszufriedenheit betont. Das Besondere an der Personalentwicklung liegt bekanntermaßen in der Verknüpfung dieser beiden Aspekte. Nun herrscht zwar über die Annahme, dass zufriedenere Mitarbeiter/innen bessere Arbeitsleistung erbringen, weitgehende Einigkeit. Doch wie man langfristig motivierte und kompetente Mitarbeiter/innen bekommt, darüber gehen die Meinungen auseinander: Während die einen auf flache Hierarchien, Vertrauen und Eigenverantwortung setzen, gehen andere davon aus, dass erkennbare Hierarchie mit entsprechender Aufgabenverteilung und ein transparentes System von Anreizen und Sanktionen die besten Garanten für Kompetenz und Motivation sind.

Anlass für die Einführung von Personalentwicklung ist meist eine Veränderung in der Organisation. Denn wie soll diese weiterentwickelt werden, wenn die Beschäftigten nicht in die anstehenden Veränderungen mit einbezogen werden? Dass Personalentwicklung allerdings oftmals erst eingeführt wird, wenn sich die jeweilige Organisation in oder am Rande einer Krise befindet, ist eine oft beklagte Beobachtung - und dass es vorausschauender und klüger wäre, Personalentwicklung in guten Zeiten aufzubauen um Krisen abwenden oder zumindest abfedern zu können eine nahe liegende Erkenntnis.

Personalentwicklung stellt für bestimmte Bereiche wie Gewinnung und Auswahl von Personal, Weiterbildung, Anreizsysteme oder Karriereplanung eine Vielzahl von Instrumenten zur Verfügung. Die Entscheidung für diese oder jene Maßnahme hängt eng zusammen mit den gewählten Zielen und der Kultur der jeweiligen Organisation.

Gibt es in der Personalentwicklung darüber hinaus auch eine Theorie, auf deren Grundlage diese Entscheidung gefällt wird? Findet eine Reflexion der Haltungen und Annahmen, auf deren Grundlage sich Personalentwickler/innen für bestimmte Vorgehensweisen entscheiden statt?

Die Hochschulen im deutschsprachigen Raum betreten erst seit wenigen Jahren das Neuland Personalentwicklung. Über die Ziele von Personalentwicklung sind sich die Akteure weitgehend einig: Die Mitarbeiter/innen auf die Erfordernisse ihrer Aufgabe bestmöglich vorzubereiten und ihnen Entwicklungsmöglichkeiten zur Erweiterung ihrer Kompetenzen zu bieten.

Auch der Anlass - Warum gerade jetzt Personalentwicklung an Hochschulen? - ist offensichtlich: Der allgemeine Einsparungsdruck der öffentlichen Haushalte hat auch die Hochschulen erreicht, und damit zusammenhängend befindet sich die gesamte Wissenschafts- und Hochschulorganisation im Umbruch. Durch eine stärkere Wettbewerbsorientierung, eine damit einhergehenden Profilbildung und der Einführung von neuen Steuerungsinstrumenten sollen die Hochschulen insgesamt wirtschaftlicher, flexibler und effektiver werden. Diese Neuausrichtung stellt eine Herausforderung dar, der sich insbesondere Führungskräfte in den Verwaltungen gegenüber sehen. Vor diesem Hintergrund ist die Aufgabe, Personalentwicklung an Hochschulen zu etablieren, schwierig und spannend zugleich: Die Spielräume sind zwar nicht groß, aber wer Neuland betritt, hat auch viele Gestaltungsmöglichkeiten.

Für die Hochschulen gilt, was über Personalentwicklung in anderen Organisationen gesagt wurde: Warum in der einen Hochschule die Einführung von Zielvereinbarungsgesprächen und in der anderen die Entwicklung von Anforderungsprofilen Priorität hat, warum die einen auf die Verbesserung der Kommunikation und die anderen auf die Einführung von Beurteilungen setzen – eine Auseinandersetzung mit übergeordneten Zielen, Überzeugungen oder Werten hat bisher nicht stattgefunden.

Die Tagung „gewinnen, fortbilden, motivieren – Personalentwicklung ist unsere Angelegenheit" im Oktober 2003 an der Ruhr-Universität Bochum sollte dem Erfahrungsaustausch zwischen Personalentwickler/innen verschiedener Hochschulen dienen. Die Referent/innen der Tagung, deren Beiträge in diesem Buch veröffentlicht sind, haben dazu beigetragen, den Diskussionsprozess um die (theoretischen) Überzeugungen, Annahmen und Werte, die Personalentwicklung prägen, anzustoßen.

Bevor ich auf das Konzept der Tagung und auf die Beiträge der Referent/innen im Einzelnen eingehe, will ich kurz skizzieren, vor welchem Hintergrund, mit welchen Zielen und welcher Haltung wir an der Ruhr-Universität Personalentwicklung eingeführt haben.

2. Personalentwicklung an der Ruhr-Universität: Langfristige Klimaveränderung oder nur ein heißer Sommer?

Personalentwicklung als strukturell initiierter und zentral gesteuerter Prozess existiert an der Ruhr-Universität Bochum seit drei Jahren – der Anlass für diese Initiative war das neue Landesgleichstellungsgesetz in NRW. Das Gesetz sieht unter anderem vor, dass Hochschulen und ihre Fakultäten Frauenförderpläne erarbeiten. Orientiert an konkreten Zielen sollen Maßnahmen beschrieben und umgesetzt werden, mit denen der Benachteiligung von Frauen entgegengewirkt werden kann.

„Weil die umfassende Förderung von Frauen für die Ruhr-Universität Bochum ein besonderes und profilbildendes Ziel ist, hat sie die Umsetzung dieses Auftrages nicht dem organisierten Chaos universitärer Strukturen allein überlassen, sondern mit Hilfe einer Projektstelle für die Dauer eines Jahres die Erarbeitung dezentraler Pläne unterstützt und den Abschluss einer ‚Zielvereinbarung zur Förderung von Chancengleichheit' mit dem Ministerium vorbereitet. Mit der erfolgreichen Erreichung des Projektzieles war zugleich die Einsicht entstanden, dass gleichstellungsorientierte Personalentwicklung ein möglichst ganzheitliches Personalentwicklungskonzept und eine nachhaltige Umsetzungsstrategie erfordern."[1]

Die Aufgabe der Gleichstellung von Frauen und Männern bot also den Anlass für die Einführung von Personalentwicklung an der Ruhr-Universität Bochum. Gleich zu Beginn dieses Prozesses wurde jedoch deutlich, dass eine Personalentwicklung, die sich idealtypisch an den Zielen der Organisation orientieren will, an einer Hochschule auf ungünstige Voraussetzungen trifft: So haben Hochschulen zwar einen gesetzlichen Auftrag zu erfüllen, und einige Hochschulen haben sich im Rahmen von internen Umstrukturierungs- und Reformprozessen auf Organisationsziele verständigt – die Ruhr-Universität konnte aber zum damaligen Zeitpunkt außer auf eine intensive, vom Rektorat initiierte Strukturdebatte auf keine definierten oder gar breit verankerten Organisationsziele zurückgreifen.

Vor dem Einstieg in eine Diskussion um die Ziele der Personalentwicklung hatten Kanzler und Personalrat bereits im November 2001 in einer gemeinsamen Erklärung bekräftigt, dass die vielfältigen Instrumente von Personalentwicklung genutzt werden sollen, damit sich die Ruhr-Universität zu einer modernen, leistungsbereiten und zukunftsorientierten Universität entwickeln kann.

Zur Konkretisierung der Personalentwicklungsziele haben wir zwei Wege eingeschlagen: Erstens wurde mit der Entwicklung eines Leitbildes in der Verwaltung begonnen, parallel dazu entwickelte eine Arbeitsgruppe Personalentwicklung auf der Grundlage der besagten Strategiediskussionen einen Konzeptvorschlag, der die Ziele und Bausteine einer Personalentwicklung an der RUB enthielt. So standen die Verbesserung der Kommunikation, des Informationsmanagements und der Dienstleistungsorientierung, die Stärkung der Eigenverantwortung und der abteilungsübergreifenden Zusammenarbeit, der Abbau von Bürokratie und Hierarchie ganz oben auf der „Wunschliste" von Leitung, Personalentwicklung und Mitarbeiter/innen. Deutlich war, dass hierfür die Veränderung der Organisationskultur notwendig sein würde. Vertrauen und gegenseitige Wertschätzung erschienen uns wichtige Grundlagen im Umgang miteinander und insbesondere des Führungsstils der Vorgesetzten.

Aus diesen Zielen wurden die Bausteine des Personalentwicklungskonzeptes an der Ruhr-Universität Bochum abgeleitet:

---

[1] Kanzler Gerhard Möller in seiner Begrüßung auf der Tagung „Personalentwicklung ist unsere Angelegenheit" am 6.10.2003.

Die Entwicklung von Anforderungsprofilen für zu besetzende Arbeitsplätze und Funktionen,
- die Weiterentwicklung von Auswahlverfahren,
- die Einführung neuer Mitarbeiter/innen einschließlich Neuberufener und Juniorprofessor/innen,
- die Einführung von Mitarbeiter/innengesprächen und, davon zu unterscheiden, die Handhabung von Beurteilungsverfahren,
- die Förderung der Rotation von Mitarbeiter/innen zwischen verschiedenen Aufgabenfeldern, verbunden mit Aufstiegsperspektiven,
- die Führungskräfteentwicklung u.a. in einem Kooperationsprojekt zwischen den Kanzlern und Dezernenten/innen dreier benachbarter Hochschulen,
- die Flexibilisierung von Arbeitszeit,
- die Einführung von gesundheitsbezogenen Maßnahmen,
- die Umstrukturierung und Weiterentwicklung der Weiterbildung.

Mit welcher Haltung, mit welcher Philosophie haben wir Personalentwicklung an der Ruhr-Universität eingeführt? Auch an der RUB wurde keine direkte und offene Diskussion über verschiedene Herangehensweisen geführt oder gar das Menschenbild, auf dem unsere Vorgehensweisen beruhen, hinterfragt. Dennoch hat sich durch den Austausch in den unterschiedlichsten Arbeitsgruppen und Gremien und in der Auseinandersetzung mit vielen Kolleginnen und Kollegen eine bestimmte Haltung herausgebildet, die in den folgenden Grundsätzen deutlich werden:
- Unser Vorgehen ist grundsätzlich partizipativ angelegt, d.h. bei jedem neuen Vorhaben werden möglicht frühzeitig die Interessen der verschiedenen Beschäftigtengruppen mit einbezogen. So werden alle größeren Projekte von Arbeitsgruppen begleitet, in denen Personalräte, die Gleichstellungsbeauftragte, die Schwerbehindertenvertretung und Beschäftigte aus unterschiedlichen Abteilungen und Hierarchiestufen vertreten sind. Dadurch können unterschiedliche Belange angemessen berücksichtigt werden und mögliche Interessenskonflikte frühzeitig und in einem überschaubaren Rahmen ausgetragen werden.
- Bei jedem Projekt achten wir auf größtmögliche Transparenz, d.h. das Vorhaben wird so nach Innen kommuniziert, dass alle, die es betrifft, umfassend informiert sind. So gibt es neben persönlichen Anschreiben und Veranstaltungen, in denen das Projekt vorgestellt wird, entsprechende Seiten im Internet, auf denen man sich detailliert über Ziele und den Stand der Dinge informieren kann und auf denen man Ansprechpartner/innen findet.
- Die Hochschulleitung unterstützt die einzelnen Projekte der Personalentwicklung aktiv. Denn neben den beschriebenen Beteiligungsmöglichkeiten ist es genauso wichtig, dass die beschriebenen Prozesse auch „top-down" angelegt und vorgelebt werden. Dies zeigt sich darin, dass der Kanzler in den einzelnen Projekten präsent ist, indem er zum Beispiel die Beschäftigten persönlich anschreibt und selbst in den genannten

Arbeitsgruppen mitarbeitet. Aber auch die anderen Führungskräfte sind sich ihrer Vorbildfunktion bewusst und stellen sich hinter die einzelnen Projekte.

- Diejenigen, die mit den einzelnen Personalentwicklungsmaßnahmen angesprochen und erreicht werden sollen, werden als „Expert/innen in eigener Sache" betrachtet, d.h. den Beschäftigten wird Respekt und ihrer Arbeit wird Wertschätzung entgegengebracht. Dies drückt sich unter anderem in der Ernsthaftigkeit der beschriebenen Diskussions- und Mitbestimmungsangeboten aus. So werden die Anregungen von Beschäftigten in Arbeitsgruppen, auf Veranstaltungen und Diskussionsforen in Veränderungsprozesse einbezogen. Mit der Entwicklung des Leitbildes wurde beispielsweise erst nach einer umfassenden Informationsphase und einer, in diesem Fall positiven, Abstimmung begonnen, dasselbe gilt für die Flexibilisierung der Arbeitszeit.

Sich an diese Grundsätze zu halten erfordert ein sehr hohes Maß an Flexibilität. Für jeden Prozess nehmen wir uns sehr viel Zeit, die sich aber – das ist bereits zu beobachten – im späteren Verlauf von Projekten auszahlt. Denn dort, wo Kolleg/innen in ihrer Vielfalt frühzeitig einbezogen worden sind, können Veränderungen nachhaltiger verankert werden. Zugleich werden Teamentwicklungsprozesse angestoßen, die sich positiv auf die organisationsinterne Kommunikation und die Identifikation mit der Organisation auswirken. Allerdings können wir das Ergebnis oder den Ausgang von Prozessen nicht vorhersagen und müssen uns innerhalb der einzelnen Projekten eine große Offenheit bewahren. Dies alles kostet viel Zeit, und zum jetzigen Zeitpunkt können wir sagen, dass wir in den meisten unserer Bausteine noch nicht über – allerdings wichtige - Anfangsschritte hinausgekommen sind. Transparenz, Partizipation und die Glaubwürdigkeit derjenigen, die Verantwortung für Personalentwicklung übernehmen, ist uns jedoch wichtiger als schnelle Ergebnisse oder „Potemkinsche Dörfer".

So haben wir im Handeln eine Haltung entwickelt, die sicherlich kein Rezept für die richtige Einführung von Personalentwicklung darstellt. Unsere bisherigen Erfahrungen bestätigen uns jedoch darin, dass diese Grundsätze besonders geeignet sind, um die angestoßenen Veränderungen nachhaltig und auf einem qualitativ hohen Niveau zu verankern.

3. Personalentwicklung als Tagungsthema: Heiter bis wolkig, einige Turbulenzen

Im Sommer 2003 „feierte" die Personalentwicklung an der Ruhr-Universität Bochum zweijähriges Bestehen. In den ersten zwei Jahren waren der Kontakt und der Austausch mit anderen Universitäten immer eine Bereicherung: Bei der Einführung mancher Instrumente zeigte sich, dass man das Rad nicht neu erfinden muss und nicht jede (schlechte) Erfahrung selbst gemacht haben muss.

Auf der Tagung in Bochum, zu der die Ruhr-Universität Bochum und die Arbeitsgruppe Fortbildung im Sprecherkreis der deutschen Universitätskanzler am 6. und 7.

Oktober 2003 eingeladen hatten, sollte daher der Erfahrungsaustausch im Vordergrund stehen. Eine Open Space Konferenz schien uns der geeignete Rahmen, um diesen Austausch zu ermöglichen.

Open Space wurde in den 80er Jahren von Harrison Owen in den USA entwickelt und wird seitdem auf der ganzen Welt als lebendige Konferenzmethode erfolgreich eingesetzt. Die Tagesordnung wird von den Anwesenden zu Beginn der Veranstaltung festgelegt. Gearbeitet wird in Arbeitsgruppen, deren Größe, Zusammensetzung, Arbeitsweise und Dauer die Teilnehmer/innen selbst bestimmen.

Zur Tagung „gewinnen – fortbilden – motivieren" in Bochum war folgender Personenkreis eingeladen:

- Führungskräfte aus Universitäten, also Kanzler/innen, Dezernent/innen und Leiter/innen von wissenschaftlichen Einrichtungen, die in ihrem Bereich Personalentwicklung bereits eingeführt haben oder in absehbarer Zeit einführen wollen.

- Personalentwickler/innen, Fortbildungsbeauftragte, Sachbearbeiter/innen in Personalabteilungen, Personalräte und Gleichstellungsbeauftragte aus der Wissenschaftsadministration, die mit der Einführung von Personalentwicklung betraut sind oder diesen Prozess begleiten.

- Wissenschaftler/innen, die zum Thema Personalentwicklung an Hochschulen forschen und Personaltrainer/innen, die mit Hochschulen zusammen arbeiten.

Neben dem Erfahrungsaustausch wollten wir Expert/innen - Wissenschaftler/innen und Berater/innen - zu Wort kommen lassen, die den Teilnehmer/innen einen Einblick in die verschiedenen Personalentwicklungsstrategien und Beratungsansätzen geben sollten: Welche "Schulen" gibt es in der Personalentwicklung? Welche Menschenbilder und Überzeugungen stehen hinter den verschiedenen Herangehensweisen? Wodurch lassen sich diese Ansätze kennzeichnen und welcher passt zu unserer Organisation?

Im vorliegende Band werden die Vorträge der Referent/innen nun veröffentlicht. Die ersten drei Beiträge beschäftigen sich mit der Personalentwicklung an Hochschulen aus einer theoretischen Perspektive: Auf welchen Annahmen fußt Personalentwicklung? Was kann Personalentwicklung an Hochschulen überhaupt erreichen? Und welche Rolle spielt dabei die Leitungsebene - nicht nur im Hochschulbereich? Drei weitere Beiträge stammen von Personalentwickler/innen, die beratend oder leitend für Hochschulen und andere Organisationen und Unternehmen tätig sind. Sie zeigen, wie unterschiedlich Personalentwicklung in der praktischen Umsetzung aussehen kann. Der siebte Beitrag schlägt den Bogen zu der Methode Open Space, mit der auf der Tagung in Bochum der Erfahrungsaustausch ermöglicht wurde und auf die immer öfter bei der Initiierung von Veränderungsprozessen in Organisationen zurückgegriffen wird.

„Das (Un-)Bewusstsein bestimmt das Sein" - mit dieser These führen die Bochumer Arbeitswissenschaftler Heiner Minssen und Rüdiger Piorr in das Thema Personalentwicklung an Hochschulen ein und zeigen, dass Personalentwicklung bis heute ein theoretisch kaum durchdrungenes Feld ist. Zugleich kann man aber davon ausgehen, dass Entscheidungen für oder gegen die Einführung von Personalentwicklung und von bestimmten Maßnahmen auf der Grundlage bestimmter Annahmen und Werte getroffen werden. Minssen und Piorr untersuchen in ihrem Beitrag, inwiefern verschiedene Bilder von Organisationen und Menschen die Personalentwicklung prägen.

Stephan Laske und Claudia Meister-Scheytt, beide vom Institut für Organisation und Lernen der Universität Innsbruck, schlagen den Bogen zur Personalentwicklung an Hochschulen, ihren Rahmenbedingungen, Wirkungen und Nebenwirkungen. Anhand von Beispielen aus dem akademischen Bereich zeigen sie, in welchem Spannungsfeld zwischen individuellen Entwicklungsvorstellungen und organisationalen Notwendigkeiten Personalentwicklung an Universitäten agiert. Im Fokus dieses Beitrages steht die Frage, welche normativen Botschaften mit der Entscheidung für oder gegen bestimmte Personalentwicklungsprogramme gesendet werden und welche Risiken mit den damit einhergehenden Standardisierungen verbunden sind.

Dass das Verhalten von Vorgesetzten maßgeblich über die Motivation von Mitarbeiter/innen und den Erfolg von ganzen Organisationen entscheidet, ist eine der unumstrittenen Grundannahmen in der Personalentwicklung. Ferdinand Rohrhirsch, von Hause aus Theologe, setzt sich vor diesem Hintergrund mit verschiedenen Führungsphilosphien auseinander. Er beschreibt zunächst die Vielzahl und auch die Beliebigkeit von Führungstechniken, deren Anwendung - oder besser „Beherrschung" heute von Führungskräften erwartet wird und stellt anschließend die Frage nach dem Sinn und der ethischen Vertretbarkeit solcher Techniken. Wenn aber „Führung" nicht erlernt werden kann wie andere Fähigkeiten, was, fragt Rohrhirsch, macht dann eine gute Führungskraft aus und wie kann man eine solche werden?

Peter Maas ist freiberuflicher Personaltrainer und berät Führungskräfte im Öffentlichen Dienst, vor allem in Hochschulverwaltungen. Im Mittelpunkt seiner Herangehensweise steht die Erhaltung der Leistungsfähigkeit von Mitarbeiter/innen. Auf der Grundlage eines „Typenmodells" zeigt er in seinen Trainings, wie man als Führungskraft Mitarbeiter/innen einschätzen kann und welche Maßnahmen geeignet sind, um die Qualifikation und Motivation von Mitarbeiter/innen zu fördern und zu erhalten. Maas zeigt in seinem Beitrag, wie dieser instrumentelle Ansatz an den konkreten Problemen von Führungskräften ansetzen kann.

Katrina Petri, die als Beraterin in der Industrie tätig ist, geht davon aus, dass Unternehmen, wollen sie wettbewerbsfähig bleiben, in der Lage sein müssen, steten und raschen Wandel zu bewältigen. Dies können sie umso besser, je eher sie bereit sind, den Blick auch auf ihre eigenen Lernkulturen und Wertorientierungen zu wenden. Petri beschreibt, wie sich dies auf das Verständnis von Führung auswirkt und wie sie als Beraterin Führungskräfte und Organisationen in diesem Prozess unterstützen kann.

Die Lufthansa, wie auch viele andere international agierende Unternehmen, haben in den letzten Jahren ihre Personalentwicklung auf das Konzept des „managing diversity" umgestellt. Sie gehen davon aus, dass die Vielfalt der Belegschaft die Flexibilität dieses Unternehmens erhöht. Monika Rühl stellt in ihrem Beitrag die Ziele des „managing diversity" Konzeptes vor und beschreibt die Maßnahmen, die Lufthansa im Rahmen von „managing diversity" bereits ergriffen hat.

Wer eine große Tagung organisiert, sieht sich oft in einem Dilemma: Auf der einen Seite sollen namhafte Expert/innen und fachlicher Input möglichst viele interessierte Teilnehmer/innen anziehen. Auf der anderen Seite soll der Erfahrungsaustausch unter den Teilnehmer/innen nicht zu kurz kommen. Michael M Pannwitz hat auf der Tagung in Bochum als Open Space - Begleiter den Raum für die Vernetzung geschaffen. In seinen Beitrag für dieses Buch beschreibt er die Geschichte von Open Space und erzählt Geschichten rund um diese Methode, oder besser: diese Haltung. Wer sich für Open Space interessiert, findet hier zahlreiche Tipps zum Weiterlesen und Kontakte knüpfen.

Wie in jedem Open Space waren auch auf unserer Tagung in Bochum die Erfahrungen so vielfältig wie die Anzahl der Teilnehmer/innen. Gehen sonst schon die Wahrnehmungen einer gemeinsam erlebten Tagesordnung oft beträchtlich auseinander, erleben die Teilnehmer/innen im Open Space noch nicht einmal dieselbe Tagesordnung. Wenn die Einführung in die Methode zu Ende ist und alle darauf warten, dass Teilnehmer/innen aufstehen, ihre Anliegen nennen und so die Tagesordnung entsteht, das ist der spannendste Moment: Wird überhaupt jemand aufstehen? Gibt es genügend Themen? Was passiert, wenn nicht?
Aber auch in Bochum bestätigten sich diese Befürchtungen nicht. Die Themenvorschläge reichten von der organisatorische Einbindung des Personalentwicklers, über die Einführung von Mitarbeiter/innengesprächen bis hin zur Implementierung von Anreizsystemen. Insgesamt haben 22 Arbeitsgruppen im Laufe des Tages an verschiedenen Themen gearbeitet und ihre Ergebnisse dokumentiert, parallel dazu fanden im Foyer, rund ums Buffet, lebhafter Erfahrungsaustausch und rege Netzwerkbildung statt. Die im Anschluss erstellte Dokumentation gibt einen Einblick in die Interessen und in die Produktivität der Arbeitsgruppen[2].

In organisatorischer und materieller Sicht ist der Aufwand für die Durchführung einer Open Space Konferenz beträchtlich. Dies hat aber den positiven Effekt, dass die Koordination der Personen und Themen im Open Space völlig mühelos, fast wie von selbst geschieht und alle sich ganz auf die Inhalte, die sie interessieren, konzentrieren können. Open Space eignet sich als Methode sehr gut, um Teilnehmer/innen einer Tagung hierarchie- und institutionsübergreifend in Kontakt miteinander zu bringen;

---

[2] Die Dokumentation kann in der Stabstelle für Personalentwicklung der Ruhr-Universität Bochum per Mail bestellt werden: propersonal@rub.de

für die Personalentwicklungstagung in Bochum und ihre Zielrichtung war die Methode eine Bereicherung.

4. ....die Vorhersage für morgen:

Durch die anstehenden Reformen im Öffentlichen Dienst, insbesondere vor dem Hintergrund anstehender Veränderungen im Wissenschaftssystem wird Personalentwicklung an immer mehr Hochschulen verankert. Einige Universitäten haben diese Aufgabe Mitarbeiter/innen aus der Personalverwaltung übertragen, manche holen sich zur Unterstützung externe Berater/innen in die Institution und immer mehr stellen eigene zusätzliche Ressourcen zur Verfügung, statten Stabstellen mit Stellen aus oder gründen sogar neue Dezernate für Personal- und Organisationsentwicklung. Bisher ist in den meisten Hochschulen ein ähnlicher Zugang zum weiten Feld der Personalentwicklung zu beobachten: Zunächst werden einzelne Maßnahmen in den Hochschulverwaltungen implementiert – im Falle einer erfolgreichen Einführung hofft man dann, diese Maßnahmen zu einem späteren Zeitpunkt auch in die Fakultäten hineintragen zu können.

Soll Personalentwicklung jedoch die laufenden Umstrukturierungsprozesse an Hochschulen nachhaltig unterstützen, müssten aus meiner Sicht in den nächsten Jahren folgende Punkte noch stärker einbezogen werden:

- Personalentwicklung an Hochschulen muss den wissenschaftlichen Bereich mit in den Blick nehmen. Meist arbeiten zwei Drittel der Beschäftigten an Hochschulen im wissenschaftlichen Bereich, viele von ihnen in Führungspositionen. Bezieht man „nur" das Personal aus Technik und Verwaltung in die Personalentwicklung ein und lässt die Wissenschaftler/innen außer Acht, besteht die Gefahr, dass die erreichten Veränderungen ihre gewünschte Wirkung nur sehr begrenzt entfalten können. Wichtig wäre es dabei, zunächst die Rektorate stärker mit einzubeziehen, Professor/innen in ihrer Eigenschaft als Führungskräfte in die Verantwortung zu nehmen und den wissenschaftlichen Nachwuchs auch im Hinblick auf überfachliche Qualifikationen zu unterstützen.

- Personalentwicklungsverantwortliche brauchen eine entsprechende Qualifikation. Bisher fehlen dafür nicht nur Anforderungsprofile, sondern auch geeignete Fortbildungsangebote. Sinnvoll wäre es beispielsweise, spezielle Qualifizierungskurse für angehende Personalentwickler/innen im Hochschulbereich zu konzipieren. Diese könnten von erfahrenen Personalentwickler/innen aus Hochschulen oder externen Berater/innen gestaltet werden und auf Landesebene angeboten werden.

- Der Gedanke, dass Führungskräfte die eigentlichen Personalentwickler/innen sind, muss auf möglichst vielen Führungsebenen verankert werden. Bisher haben vor allem die mittleren Führungsebenen in den Verwaltungen und die Führungskräfte in den Fakultäten zu wenig Unterstützung bekommen. In der Auseinandersetzung mit denjenigen, die den Prozess schließlich weiterführen und gestalten sollen, werden Personalentwickler/innen sicher manche ihrer Vorstellungen gut begründen oder auch verändern müssen.

All diese Vorhaben setzen voraus, dass es im Vorfeld und im „Alltagsgeschäft" eine Reflexion über Ziele und Selbstverständnis der Personalentwicklung an Hochschulen gibt. Die Tagung in Bochum hat für diese notwendigen theoretischen Auseinandersetzungen einen „offenen Raum" geschaffen. Ich hoffe, dass das vorliegendes Buch über die Tagung hinaus die angestoßenen Diskussionen aufgreift und sie in die sich bildenden hochschulübergreifenden Netzwerke hineinträgt.

Warum entspricht die Vielfalt von Personalentwicklungsmaßnahmen der Anzahl der Unternehmen, die sie einsetzen? Personalentwicklung und verborgene Bilder von Organisationen

Heiner Minssen, Rüdiger Piorr

1. Einleitung

Die Praktiken, Maßnahmen und Vorstellungen von Organisations- und Personalentwicklung (PE) sind so vielfältig wie die Organisationen, die Personalentwicklung einsetzen. Theorien der Personalentwicklung aber, die diese Unterschiedlichkeit erklären könnten, fehlen – allein schon deswegen, weil von einer „Theorie" der Personalentwicklung im eigentlichen Sinne nicht gesprochen werden kann; unter diesem Label werden eher Maßnahmen aufgelistet, die als günstig für die Entwicklung von Personal angesehen werden. Es können aber normative Gründe angeführt werden, aus denen heraus sich unterschiedliche PE-Maßnahmen ableiten lassen.

Wir wollen in diesem Beitrag die Unterschiedlichkeit von PE durch die Bedeutung von unbewussten Bildern von und in Organisationen erklären. Dabei werden sowohl Bilder von Organisationen - also das, was eine Organisation ausmacht und wie sie funktioniert – vorgestellt als auch die Bilder der Organisationsmitglieder. Hierbei werden unterschiedliche Perspektiven relevanter Organisationspersönlichkeiten (Organisationsleitung, Personalentwicklung, Mitarbeitern[1]) jeweils kontrastierend aufgerissen.

Bilder sind für uns in einer ersten Annäherung Vorstellungen, Erwartungen über bestimmte Eigenschaften eines Gegenstandes, häufig unausgesprochen und manchmal auch gar nicht bewusst. Wenn bspw. ein „Normalbürger" an einen Wald denkt, wird vor seinem inneren Auge ein Bild entstehen, in dem der Wald als Raum der Erholung erscheint; wenn jedoch ein Förster an den gleichen Wald denkt, hat er ganz andere Bilder: Er sieht den Wald als Arbeitsraum. Naheliegenderweise sind dann auch die Gefühle, die durch diese Bilder ausgelöst werden, sehr unterschiedlich.

Bilder strukturieren die Realität und sind in diesem Sinne wichtig für die erforderliche Reduktion von Komplexität. Je komplexer nun ein Gegenstand wird, umso wichtiger werden die Bilder, also die Hintergrundannahmen. Ganz generell kann man zwei Bühnen unterscheiden, eine Vorderbühne und eine Hinterbühne. Auf der einen Seite - die Vorderbühne - die scheinbare Sachebene mit ihren zweifelsfreien Selbstverständlichkeiten, auf der anderen Seite - die Hinterbühne - die Hintergrundannahmen und Überzeugungen, die Werte, Wünsche, die Glaubensgrundsätze etc. pp., mit einem Wort: die Bilder. Diese bestimmen das Handeln in entscheidendem Maße. Sie

---

[1] Wir verwenden in diesem Text ausschließlich die männliche Form und meinen dies selbstverständlich geschlechtsneutral.

sind sozusagen der Teil des Eisberges, ohne den der Eisberg überhaupt nicht aus dem Wasser ragen würde.

Bei diesem unter Wasser liegenden Teil des Eisberges handelt es sich um tief verwurzelte, in Organisationen oftmals kollektiv geteilte Annahmen und Deutungen dessen, was wichtig und was richtig ist. Wesentliche Erkenntnisse dazu stammen aus der Forschung über Unternehmenskultur, die gezeigt hat, in welchem Ausmaß solche Deutungsmuster das Leben in einer Organisation bestimmen. Diese inneren Bilder beruhen auf Erfahrungen und sie äußern sich in Routinen auch in Situationen, für die es keine klaren formalen Regeln gibt. Insofern sind sie handlungsentlastend. Zugleich aber sind sie auch sehr stabil und resistent gegenüber Wandel und Veränderung. Dabei lassen sich, grob gesprochen, die Bilder, die die Mitglieder von ihrer Organisation haben, von den Bildern unterscheiden, die die Organisation von ihren Mitgliedern hat; wir werden weiter unten zeigen, dass sich dies noch weiter ausdifferenzieren lässt.

Wichtig ist an dieser Stelle zunächst nur, dass diese Bilder ineinander greifen. Was und wie eine Organisation funktioniert, wie also bspw. Personalentwicklung als Dienstleistung zur Aufrechterhaltung der beständigen Organisierung beiträgt, hängt vom Verständnis der Organisation von sich selbst ab, von ihren Aufgaben, von ihren Anforderungen etc.. Und dieses Verständnis hat Folgen für grundlegende Annahmen über Mitarbeiter, über ihre Fähigkeiten, ihr Arbeitsverhalten, ihr Leistungsvermögen und die Anforderungen, die an sie gestellt werden.

Bilder von Organisationen...

(... und vom Menschen in der Organisation) sind dafür verantwortlich, ...

... was rational „ist"

... wie Probleme/Aufgaben in der Organisation gesehen werden

... welche Lösungen zur Verfügung stehen

... wie Personalentwicklung als Aufgabe begriffen wird

 Institut für Arbeitswissenschaft
Lehrstuhl Arbeitsorganisation und Arbeitsgestaltung
Ruhr-Universität Bochum

Abbildung 1

Bilder von Organisationen und vom Menschen in der Organisation sind also dafür verantwortlich, wie Probleme und Aufgaben in der Organisation gesehen werden, welche Lösungen zur Verfügung stehen und wie Personalentwicklung als Aufgabe begriffen wird.

Diese Bilder der Organisation drücken sich darin aus, wie die Arbeit gestaltet ist, so dass, was häufig übersehen wird, die Grundvoraussetzung jeglicher Personalentwicklung - zumindest in ihrem umfassenden Sinn - eine Neugestaltung von Arbeit ist. Und das ist auch die zentrale Botschaft, die wir vermitteln wollen: Die Bilder, die eine Organisation von ihren Mitgliedern hat, drückt sich in der Art aus, wie deren Arbeit gestaltet ist, so dass eine Personalentwicklung, die ja immer auch auf Veränderung setzt, an dieser Arbeitsgestaltung ansetzen muss, zumindest ohne sie nicht auskommt.

Zunächst werden wir untersuchen, was hinter dem Begriff der Organisation und dem der Personalentwicklung steckt. Im zweiten Schritt werden wir zeigen, dass Bilder, also Annahmen über Menschen zu Annahmen über Organisationen führen. Das werden wir am Beispiel der Organisationstheorie des Taylorismus zeigen, da dieser sehr stark auf Menschenbilder zurückgreift. Wir wollen damit deutlich machen, wie die verborgenen, zugrunde liegenden Bilder die Art bestimmen, wie in Organisationen organisiert und Personal entwickelt wird.

Das werden wir aus zwei Perspektiven heraus tun. Zunächst werden wir einen Blick aus der Vogelperspektive auf Organisationen und ihre Bilder werfen, also eine Makroperspektive einnehmen. Im letzten Teil werden wir die Perspektive wechseln und uns unter die Organisationsmitglieder begeben, also die Froschperspektive des „Mittendrin" - die Mikroperspektive - einnehmen.

2. Organisation und Personalentwicklung

Organisationen sind ein Kennzeichnen der Moderne; alle für die Reproduktion der Gesellschaft erforderlichen Aufgaben werden in Organisationen erledigt, sei es nun in Automobilfabriken, in Gerichten, Standesämtern oder Schulen und Hochschulen[2]. Organisationen unterscheiden sich von anderen Sozialsystemen wie z.b. sozialen Gruppen durch ihre Formalisierung (vgl. Abb. 2). Das meint zweierlei: Zum einen gibt es Mitgliedschaftsregeln, durch die klar definiert ist, wer dazugehört und wer nicht; und zum anderen gibt es in Form der Hierarchie, sei diese nun flach oder tief gestaffelt, formale Regeln, durch die festgelegt ist, wer was darf und wer nicht. Durch solche Regeln machen Organisationen sich personenunabhängig. Dieses weiß man, seit der Soziologe Max Weber als Prototyp moderner Verwaltung die „Bürokratie" herausgestellt hat. Aus heutiger Sicht hört sich dies begrifflich etwas merkwürdig an, doch gemeint ist damit eine Organisation, die sich u. a. durch Aktenförmigkeit und Regelgebundenheit des Handelns, also durch geregelte Prozessabläufe auszeichnet. Organisationen ist es so möglich, ihre Geschäfte fortzuführen, auch wenn Personen

---

[2] Dies ist übrigens auch ein Grund, dass wir uns im Folgenden zunächst einmal nicht speziell mit PE in Hochschulen beschäftigen, denn vom Grundsatz her ist PE in einer Hochschule nichts anderes als PE in jeder anderen Organisation, sei es nun ein Industrieunternehmen, eine öffentliche Verwaltung oder sonst was.

wechseln; sollte der Kanzler einer Universität sich anderen beruflichen Aufgaben zuwenden, so könnte man dies persönlich bedauern, doch letztlich wäre es egal, und auch wenn Professoren pensioniert werden, ist dies einer Organisation wie einer Universität herzlich gleichgültig.

Abbildung 2

So gesehen ist zunächst einmal festzuhalten: Personalentwicklung ist der unwahrscheinliche Fall, da eine Organisation zwar auf qualifiziertes, nicht aber unbedingt auf „entwickeltes Personal" angewiesen ist; notfalls könnte das Personal ja auch ausgetauscht werden. Ein Weiteres lernen wir aus diesen kurzen Überlegungen: Wenn dann doch Personalentwicklung betrieben wird, dann ist damit nie, wie es der Begriff nahe zu legen scheint, die Entwicklung der gesamten Person gemeint, sondern nur die Entwicklung des Teils der Person, der für die Organisation wichtig ist. Keine Organisation kann ein Interesse daran haben, ihr Personal in einem umfassenden Sinn zu entwickeln, und jede Person kann mehr, als es ihr als Organisationsmitglied abverlangt wird. Und anders herum: niemand wird jemals seine gesamten Fähigkeiten einer Organisation zur Verfügung stellen wollen.

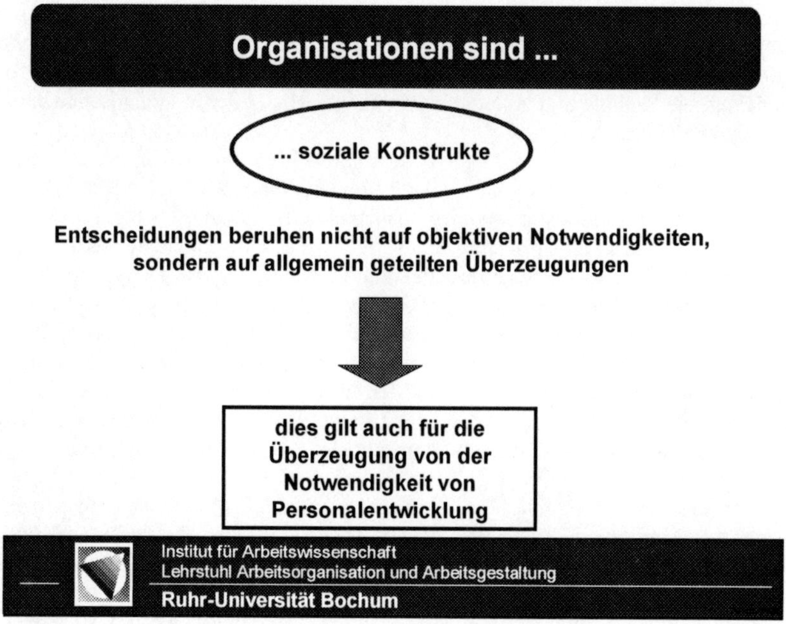

Organisationen sind ...

... soziale Konstrukte

Entscheidungen beruhen nicht auf objektiven Notwendigkeiten, sondern auf allgemein geteilten Überzeugungen

dies gilt auch für die Überzeugung von der Notwendigkeit von Personalentwicklung

Institut für Arbeitswissenschaft
Lehrstuhl Arbeitsorganisation und Arbeitsgestaltung
Ruhr-Universität Bochum

Abbildung 3

Ein zweiter Punkt ist wichtig: Organisationen sind sozial konstruiert; Organisationen finden, um es etwas pointiert zu sagen, in den Köpfen ihrer Mitglieder statt. Das bedeutet, dass sich wesentliche Prozesse und Entscheidungen in Organisationen nicht durch objektive Notwendigkeiten erklären lassen, sondern auf Auffassungen beruhen, die sich durchgesetzt haben. Um nur ein Beispiel zu nennen: Wenn heute allenthalben die Vorteile flacher Hierarchien hervorgehoben werden – ein Organisationsprinzip übrigens, dass in Hochschulen seit jeher gang und gäbe ist - dann stecken dahinter allgemein geteilte Glaubensgrundsätze, die andere wie die von den Vorteilen tief gestaffelter Hierarchien abgelöst haben. Jede Organisation hat einen Erfahrungsschatz, ein Gedächtnis, auf das sie sich immer wieder berufen kann. Und vor dem Hintergrund dieser Erfahrungen wird die Gegenwart aufgeschlossen. Wie Problemen und Situationen begegnet wird, hängt im Wesentlichen von der Anschlussfähigkeit an diesen Erfahrungsschatz ab; Neuigkeiten und neue Entwicklungen werden mit alten Erfahrungen verbunden. Taucht also ein Problem auf, so wird vor dem Hintergrund der Erfahrungen ein Soll-Zustand konzipiert, für den dann entsprechende Maßnahmen und Instrumente entwickelt werden.

So gesehen sind Auffassungen von Effizienz, von der Leistungsförderlichkeit bestimmter Maßnahmen, letztlich von Rationalität Mythen, die allgemein geteilt, eben geglaubt werden. Sie beruhen auf Bildern, die einen stabilen Nährboden für das darstellen, was man als Realität und objektive Notwendigkeit ansieht. Wir behaupten damit nicht, dass Entscheidungen in Organisationen irrational wären, aber Entscheidungen in Organisationen basieren auf Kriterien, die sich einem schlichten Schema rational/irrational entziehen. Zudem haben solche Rationalitätsmythen Vorteile, denn sie helfen, die Komplexität zu reduzieren und alle Mitglieder in Organisationen handlungsfähig zu machen.

Wir betonen diese beiden Punkte deswegen, weil wir darauf aufmerksam machen wollen, dass PE auf einer oftmals unhinterfragten Annahme der Notwendigkeit von PE beruht. Organisationen funktionieren, auch ohne PE und das noch gar nicht mal so schlecht, wie man in jedem Klein- und Mittelbetrieb in der Industrie studieren kann, in denen Ressourcen für PE häufig kaum zur Verfügung stehen. Damit soll die Sinnhaftigkeit und die Notwendigkeit von PE nicht bestritten werden, ganz im Gegenteil; wir wollen nur darauf hinweisen, dass bereits in der Festlegung auf PE ein bestimmtes Bild von der Organisation und den ihr zugehörigen Mitgliedern eine Rolle spielt.

Bilder von Organisationen und vom Menschen in der Organisation sind also dafür verantwortlich, wie Probleme und Aufgaben in der Organisation gesehen werden, welche Lösungen zur Verfügung stehen und wie Personalentwicklung als Aufgabe begriffen wird.

Was aber ist denn nun das Ziel von Personalentwicklung? Sie zielt auf Arbeitszufriedenheit, Motivation, Leistungsfähigkeit, Karriereplanung, Flexibilität, persönliche Entwicklung und Entwicklung in der Organisation. PE beruht auf der Annahme, dass das Personal nicht nur entwicklungsfähig ist, sondern auch entwicklungsbedürftig ist, und das ist ein ganz paradoxes Bild vom Menschen in der Organisation: einerseits das an humanistische Ideale anknüpfende Bild des entwicklungsfähigen und vor allem auch entwicklungsbereiten Mitarbeiters und andererseits das Bild des Mitarbeiters, der Entwicklung nötig hat; Mitarbeiter sind nicht so, wie sie sein sollten, sie sind nicht zufrieden genug, zu wenig motiviert, zu wenig leistungsfähig etc. pp., sie sind, mit einem Wort, defizitär.

Abbildung 4

Zugleich bringt jeder Personalentwickler durch seine bloße Existenz zum Ausdruck, dass er wüsste, wie den Defiziten abzuhelfen ist. Ist es unter diesem Aspekt eigentlich verwunderlich, dass das Personal nicht nur in Hochschulverwaltungen keineswegs immer begeistert ist, wenn es entwickelt werden soll?

Wir haben in der Abb. 5 drei Definitionsbestandteile, die so oder in irgendeiner anderen Spielart in den meisten Definitionen von Personalentwicklung auftauchen. Demzufolge ist PE ein Prozess, in dem Aufgabenbündel abgearbeitet werden, wozu eine betriebliche Organisationseinheit gebildet wird. Das hört sich gut an, doch bei genauerem Hinsehen tauchen Fragen auf: nach dem „woher" und dem „wohin" des Prozesses, danach, von wem und mit welchem Ziel die Aufgabenbündel definiert sind, wer die Organisationseinheit eingerichtet hat, und vor allem, wo sie angesiedelt ist, ob als Stabsabteilung ganz oben in der Hierarchie oder als eine entfernte Untereinheit in der Personalabteilung. All dieses sind zentral Fragen des Selbstverständnisses der Organisation.

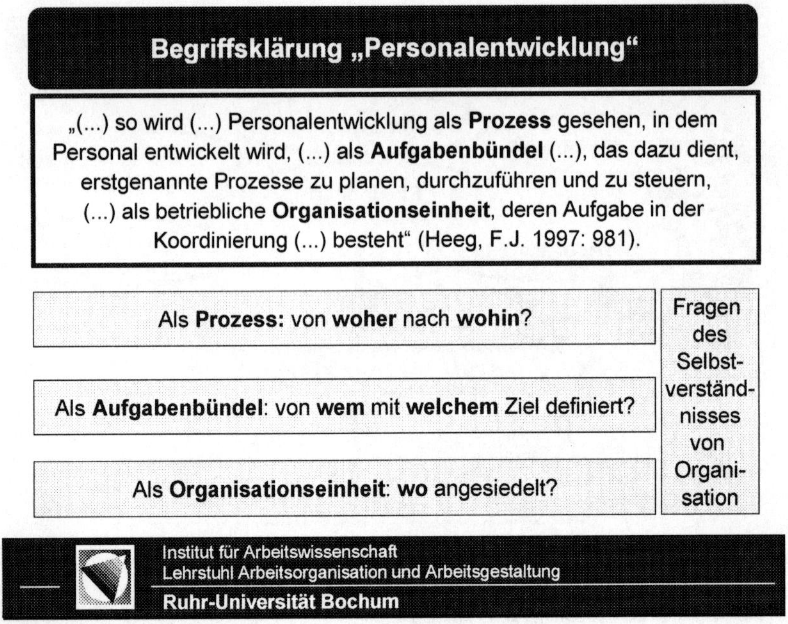

Begriffsklärung „Personalentwicklung"

„(...) so wird (...) Personalentwicklung als **Prozess** gesehen, in dem Personal entwickelt wird, (...) als **Aufgabenbündel** (...), das dazu dient, erstgenannte Prozesse zu planen, durchzuführen und zu steuern, (...) als betriebliche **Organisationseinheit**, deren Aufgabe in der Koordinierung (...) besteht" (Heeg, F.J. 1997: 981).

Als **Prozess**: von **woher** nach **wohin**?

Als **Aufgabenbündel**: von **wem** mit **welchem** Ziel definiert?

Als **Organisationseinheit**: wo angesiedelt?

Fragen des Selbstverständnisses von Organisation

Institut für Arbeitswissenschaft
Lehrstuhl Arbeitsorganisation und Arbeitsgestaltung
Ruhr-Universität Bochum

Abbildung 5

3. Bilder in Organisationstheorien

Auch Organisationstheorien kommen ohne solche Bilder nicht aus. Das lässt sich beispielhaft deutlich machen an dem so genannten Taylorismus, also den Gestaltungsvorschlägen des amerikanischen Ingenieurs Frederick Winslow Taylor, an denen Gestaltung sich im letzten Jahrhundert ausgerichtet hat. Sie sind nicht flächendeckend realisiert worden, aber als Gestaltungsprinzipien haben sie erhebliche Bedeutung gehabt.

Prinzipien der tayloristischen Managementlehre

Anreizsetzung durch Prämienzahlung („Pensum" und Bonus")

Trennung von Arbeitsplanung und –ausführung
(„Hand- und Kopfarbeit")

Konsequente Personalauswahl
und entsprechender –einsatz
(Auslese und Anpassung
der Arbeiter)

Funktionsmeistersystem

Entwicklung der Organisation,
keine Entwicklung von Arbeitern

Entwicklung der Meister
zu Organisations-
gestaltern und zu Kontrolleuren

Institut für Arbeitswissenschaft
Lehrstuhl Arbeitsorganisation und Arbeitsgestaltung
Ruhr-Universität Bochum

Abbildung 6

Taylor hatte ganz bestimmte Annahmen, die sich auf sein Verständnis von Organisation und auf seine Überzeugung über die „Natur" des Menschen zurückführen lassen.

Das Menschenbild des Taylorismus

1.	Menschen sind faul und arbeitsscheu
2.	Glück ist von Konsum beeinflusst
3.	Deshalb ist Arbeit durch Geld anzureizen
4.	Die Punkte 1 und 2 stehen in Widerspruch, der durch Disziplin zu überwinden ist
5.	Disziplin entsteht nicht durch Einsicht, sondern durch rigide Regeln

Institut für Arbeitswissenschaft
Lehrstuhl Arbeitsorganisation und Arbeitsgestaltung
Ruhr-Universität Bochum

Abbildung 7

Nun ist, wie gesagt, eine tayloristische Arbeitsgestaltung nur in bestimmten Branchen wie etwa der Automobilindustrie tatsächlich realisiert worden, doch wichtige Grundlinien – Arbeitsteilung, Trennung von Anweisung und Ausführung – haben Pate gestanden bei der Arbeitsgestaltung auch in öffentlichen Verwaltungen. Dem Mitarbeiter wird dabei eine ganz bestimmte Position zugewiesen: er soll seine Arbeit erledigen und sich um Anderes nicht kümmern; „Du bist hier zum Arbeiten, nicht zum Denken" – das ist das Bild, das es auf den Punkt bringt und das uns auch heute noch, trotz aller anderen Verlautbarungen, immer wieder bei unseren Betriebskontakten begegnet – und damit meinen wir ausdrücklich auch öffentliche Betriebe und öffentliche Verwaltungen.

Was damit gesagt sein soll: In jeder Organisation, in jedem Unternehmen und in jeder Verwaltung gibt es verborgene Bilder vom Mitarbeiter; das sind nicht die Bilder, die sich in Leitlinien und PE-Programmen äußern, sondern Bilder, die auf sehr tief verwurzelten Überzeugungen beruhen, was die Rolle des einzelnen Mitarbeiters ist und wie die beste Leistung erzielt werden kann. Es macht einen gravierenden Unterschied, ob jemandem nur die Reisekostenabrechnung übertragen wird, die in Einzelarbeit zu erledigen ist, oder ob jemand, vielleicht sogar in Kooperation mit anderen für die Erledigung einer ganzheitlichen Aufgabe zuständig ist.

In der Gestaltung der Arbeit drücken sich letztlich diese Bilder aus, und das sind nicht nur die Bilder, die die Vorgesetzten von ihren Mitarbeitern haben, sondern auch die Bilder, die die Mitarbeiter von sich selbst haben; wer Zeit seines Lebens eben nur Reisekosten bearbeitet hat, wird irgendwann auch das Zutrauen in eigene, andere Fähigkeiten verloren haben - sofern er oder sie überhaupt jemals Lust gehabt hat, etwas anderes zu machen. Denn das sollte bei aller Begeisterung für PE eben auch nicht übersehen werden: viele Mitarbeiter wollen gar nichts anderes machen als das, was sie immer schon getan haben.

4. Bilder über Menschen in Organisationen – Bilder in Organisationen

Bilder in Organisationen beruhen auf wechselseitigen Zuweisungen, sie ändern sich nur sehr langsam. Im Grundsatz geht es darum, wie viel Zutrauen eine Organisation in ihre Mitglieder setzt; mit gutem Grund ist ein tayloristisch organisiertes Arbeitssystem auch als Misstrauensorganisation bezeichnet worden, d.h. als eine Organisation, die kein Vertrauen in ihre Mitglieder hat und deswegen starre Regeln vorgeben muss. Diese Bilder nun haben wiederum viel damit zu tun, welche Möglichkeiten der Gestaltung von Organisationen eingeräumt werden; die Bilder von Menschen im Verborgenen und die Verständnisse von Organisierung gehen ineinander über. Sie sind ausschlaggebend für die Diagnose von Problemen und deren mögliche Lösung.

Abbildung 8

In der Abb. 8 zeigt sich, wie unterschiedlich Menschenbilder sich einpassen. Sie verdeutlicht, wie sich die Grundannahmen über die Bedeutung von Strukturierung auf das Verständnis dessen auswirken, was Organisation und Organisierung leisten sollen. Und hier wird auch deutlich, wie und mit welchen Instrumenten PE betrieben wird. „Links" haben wir mehr die „Entwickler" auf der Persönlichkeitsentwicklungsschiene, „rechts" haben wir klassische Unterweisungen und in der Mitte die Führungsinstrumente und eher partizipativen Organisationsformen wie Qualitätszirkel etc.

Daran wird zunächst einmal deutlich, dass je nach Organisationsverständnis und verborgenem Menschenbild PE ganz Unterschiedliches heißen kann. In einem Organisationsbild, in dem die Bedeutung von Struktur eher gering eingeschätzt wird, sind die Maßnahmen der PE andere als in den Organisationen, in denen die Bedeutung von Struktur hoch gewichtet wird. Damit wird klar, aus welchen Gründen Organisationen - und eben auch Hochschulverwaltungen - sich höchst unterschiedlich verhalten, obwohl sie, zumindest von außen besehen, doch oftmals die gleichen Probleme haben. Es wird zudem verständlich, dass sich hinter den Maßnahmen unter dem Label PE ganz unterschiedliche Inhalte verbergen können; Zielvereinbarungsgespräche sind in der einen Organisation Mitarbeitergespräche, in der anderen Kontrollgespräche oder auch Modelle der Zielvorgabe. Und es wird auch deutlich, dass sich ein Personalentwickler mit einem Handwerkskasten, mit dem er auf die „linken" Maßnahmen zielt, in einer Organisation die Zähne ausbeißen wird, deren Menschenbild eher auf Misstrauen beruht und deswegen die Bedeutung von Struktur betont. Es sind also weniger theoretische Annahmen über PE als vielmehr Bilder, die darüber entscheiden, in welcher Form Personalentwicklung betrieben wird, wie die Organisation durch Maßnahmen der PE unterstützt werden kann.

5. Bilder von Menschen über Menschen in Organisationen

Wenn wir nun die Betrachtungsebene wechseln und die Mikroperspektive, die Froschperspektive einnehmen, dann wird noch klarer, warum sich Personalentwicklung von Organisation zu Organisation so stark voneinander unterscheidet. Und nicht zuletzt wird mit dem Einbezug der Mikroperspektive verständlich, warum Personalentwicklung ein so schwieriges Geschäft ist.

Denn all die Widersprüchlichkeiten, die sich schon mit dem großen Abstand einer Betrachtung von der Makroebene aus zeigen, spiegeln sich auf der Mikroebene in erheblich stärkerem Ausmaß. Begibt man sich also mitten unter die Organisationsmitglieder, so zeigt sich, dass die Bilder, die wir aus der Vogelperspektive gewonnen haben, wiederum in Bilder zerfallen, die das Handeln der einzelnen Personen in der Organisation bestimmen. Jede einzelne relevante Organisationspersönlichkeit trägt mit ihrer Sichtweise dazu bei, dass die Bilder der Gesamtorganisation an Gestalt gewinnen und bestimmend für das Wesen der jeweiligen Organisation werden. Sie handeln damit immer wieder neu aus, welche Bilder in der Organisation gelten oder mit anderen Worten: Sie bestimmen immer wieder aufs Neue, wie ihre Organisation aussehen soll. Das Entscheidende dabei ist: Sie tun das, aber sie wissen nicht, dass sie das tun.

Bilder von Menschen über Menschen in Organisationen

PersonalentwicklerIn

Bilder über
das Wesen
des jeweils
Anderen

Verwaltungs-
spitze

MitarbeiterInnen

Institut für Arbeitswissenschaft
Lehrstuhl Arbeitsorganisation und Arbeitsgestaltung
Ruhr-Universität Bochum

Abbildung 9

Für unser Thema besonders wichtig ist die Unterscheidung von drei Organisationspersönlichkeiten, genauer, dreier Gruppen von Organisationspersönlichkeiten. Wir haben sie in der Abb. 9 einmal in ihrer Wechselwirkung skizziert: die Personalentwickler, die Gruppe der Mitarbeiter und die Verwaltungsspitze. Und jede dieser Persönlichkeiten hat eben ihre eigenen Bilder vom jeweils anderen, sozusagen ein Bild und ein Gegenbild[3].

---

[3] Die folgenden Bilder sind nur als Ausschnitte zu verstehen, die so aus unserer Erfahrung mit und in Organisationen im Rahmen von Forschung und Beratung zusammengetragen worden sind. Diese Bilder treffen also nicht allgemeingültig zu. Sie sind nur als Schlaglichter zu verstehen.

Abbildung 10

Beginnen wir mit der Organisationspersönlichkeit des Personalentwicklers. Er hat bestimmte Bilder über die Verwaltungsspitze und bestimmte Bilder über die Mitarbeiter. Personalentwickler glauben zumeist, dass Menschen von sich aus Potenziale haben, die geweckt werden wollen, sollen und können. Würden sie das nicht zumindest in Ansätzen glauben, dann wären sie fehl am Platz. Sie sind also der Überzeugung, dass Menschen grundsätzlich lernen und sich entwickeln wollen. Darüber hinaus glauben sie, ganz der Profession verpflichtet, dass Menschen Sinn am eigenen beruflichen Tun verspüren wollen. Personalentwickler müssen gewissermaßen aus beruflicher Passion davon ausgehen, dass die Berufsrolle für Menschen von größter Bedeutung ist. Demgegenüber erfahren sie die Mitarbeiter - sozusagen als Ausschnitt der Menschheit – als häufig wandlungsresistent, in Routinen verhaftet, als desinteressiert, teilweise wenig motiviert und ängstlich.

Einen Teil der Erklärung für diese Wahrnehmung finden sie bei überforderten oder auch schlechten Führungskräften und ein weiterer Teil der Erklärung spiegelt sich im Bild der Organisationsspitze. Diese wird häufig als spontan, widersprüchlich und inhaltlichen Diskussionen abgeneigt beschrieben. Und damit haben die Personalentwickler häufig sogar Recht; es gibt wohl nicht viele Leitungskräfte, Geschäftsführer oder ähnliches, die ihrer Personalentwicklung signalisieren, „entwicklungsbedürftig" zu sein. In den meisten Organisationen läuft das eher nach dem St.-Florians-Prinzip:

Personalentwicklung ja, aber für die anderen. Und das alles macht Personalentwicklung so schwierig.

Personalentwickler machen so ihre eigenen Erfahrungen und haben daraus ihre eigenen Bilder entwickelt. Und wir vermuten, dass sie damit noch nicht einmal so ganz schlecht liegen. Aber auch die anderen Organisationspersönlichkeiten treffen mit ihren Bildern die Realität.

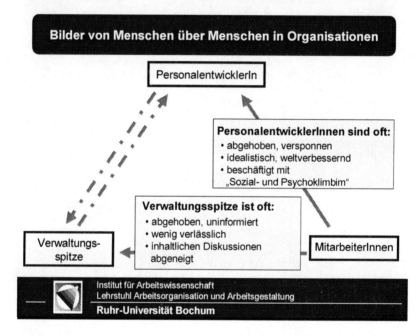

Abbildung 11

Die Mitarbeiter sehen ihre Personalentwicklung nicht selten als „Gutmenschen" an, die von missionarischem Eifer getrieben sind. Die Maßnahmen und Interventionen werden häufig als Sozial- und Psychoklimbim verstanden und belächelt – eigentlich auch gut verständlich, wenn man sich vor Augen führt, dass eine gestandene Berufspersönlichkeit von nicht selten viel jüngeren Personalentwicklern gesagt bekommt, dass ein Teil des bisherigen Arbeitsverhaltens anders eigentlich besser wäre. Nichts anderes meint ja Entwicklung: Verlassen eines bislang funktionalen Status, Aufgabe von Bewährtem und Ersetzung durch Unbewährtes, Neues. Auch dieses macht die Arbeit für die Personalentwicklung nicht leichter.

Aber die Mitarbeiterschaft hat auch ihre Vorstellungen über die Verwaltungsspitze: Sie wird als entrückt und abgehoben wahrgenommen. Man bekommt zu hören, dass „die da oben" gar nicht wüssten, was „hier unten" wirklich verlangt wird. Zudem wird die Spitze häufig als wenig verlässlich beschrieben. Man wisse gar nicht, was sie wirklich im Schilde führe und ob man sich auf sie dauerhaft verlassen könne. Schaut man sich die Zwänge an, unter denen Hochschulverwaltungen heute arbeiten, dann kann man den Mitarbeitern ihr Bild noch nicht einmal verübeln. Und schließlich: auch die Verwaltungsspitze hat ihre Bilder.

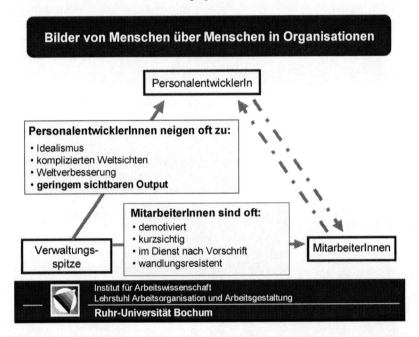

Abbildung 12

Die Mitarbeiter werden als teilweise demotiviert, als egoistisch und wenig an der Organisation interessiert beschrieben. Nicht selten wird beklagt, dass sie Dienst nach Vorschrift machten und am Erhalt der bestehenden Ordnung nur allzu stark interessiert seien. Wissenschaftlichen Schätzungen, nach denen gut 25 % der Mitarbeiter im öffentlichen Dienst in der inneren Kündigung lebten, lassen dieses Bild auch nicht so abwegig erscheinen.

Auch über die Personalentwickler existieren Bilder: Dem weltverbessernden Personaler - „alle Menschen suchen Sinn in der Arbeit, haben Potenzial, wollen lernen" usw. - wird Idealismus vorgehalten. Darüber hinaus wird ihnen nicht selten bescheinigt, eine unnötig komplizierte Weltsicht zu vertreten. So beklagte sich einmal ein Geschäftsführer im Rahmen eines Beratungsauftrages, dass ihm der Personalentwickler immer sehr elaboriert erklären würde, warum irgendeine Idee nicht funktionieren würde, warum alles nicht so einfach sei. Dafür würde er aber kein Geld ausgeben wollen, er werde schließlich auch an Ergebnissen gemessen. Personalentwicklern wird häufig bei erfahrungsbasierten Trainingsmaßnahmen ein geringer sichtbarer

Output vorgeworfen. Und gerade bei diesen Maßnahmen steht die Entwicklung einer beruflichen Persönlichkeit doch im Vordergrund.

Personalentwicklung ist also ein schwieriges Geschäft, von dem alle ihre eigenen Vorstellungen in der Organisation haben. Fast läge damit die Vermutung nahe, dass unter diesen Umständen gar keine vernünftige Personalentwicklung zu erwarten sei, da die Bilder so wenig Deckung zueinander aufweisen.

Abbildung 13

Jetzt gibt es aber in der Organisations- und Personalentwicklung ein Phänomen, das die Diskrepanz zwischen Personalentwicklung und Verwaltungsspitze überbrückt. Das sind so genannte Instrumente. Hierunter verstehen wir Maßnahmen, mit denen Strukturen realisiert werden, innerhalb derer Führung nach zuvor spezifizierten Erwartungen stattfinden soll. Das sind z.B. Mitarbeiter- und Zielvereinbarungsgespräche, Rückkehrgespräche, aber auch Qualitätszirkel etc. Sie alle sind in der einen oder anderen Form Instrumente der Organisationsgestaltung.

Mit diesen Instrumenten wird zunächst einmal in einem strukturellen Sinne Arbeit, genauer Zusammenarbeit gestaltet. Es wird definiert, wer mit wem, zu welchem Ziel und zu welcher Gelegenheit in welcher Form zusammenarbeitet. Diese neue Form der Zusammenarbeit erfordert ein verändertes Arbeitsverhalten. Und genau an dieser Stelle erfährt die Personalentwicklung ihre Beauftragung und Relevanz. Sie trägt mit entsprechenden Maßnahmen dazu bei, dass sich die Mitarbeiter hinsichtlich dieser neuen Belange entwickeln, sich weiterbilden.

Diese Instrumente stellen gewissermaßen die geplante Schnittmenge einiger wesentlicher Bilder zwischen Personalentwicklung und Organisationsspitze dar. Für die Organisationsspitze sind Instrumente attraktiv, weil ihr Einsatz einen deutlichen, strukturellen Abdruck in der Organisation hinterlässt. Die Einführung eines solchen Instruments bringt ein sichtbares Ergebnis hervor; sie vermittelt der Organisationsspitze somit ein handfestes Ergebnis von Entwicklung. Klare Zeitschienen, feste Anlässe, Formblätter, Regeln und Routinen symbolisieren diese Entwicklung, immer verknüpft mit der Vorstellung, dass diese strukturellen Aspekte von Führung in der interaktiven Praxis des Führungsalltags auch gelebt und umgesetzt werden mögen.

Für die PE, die zumeist stärker auf der Ebene von Persönlichkeitsentwicklung denkt, bietet ein solches Instrument zunächst einmal die Begründung für eine PE-Intervention. Gleichzeitig bietet der Auftrag, ein solches Instrument zu konzipieren, auch den Freiraum, Aspekte eines normativ gewollten Verhaltens der Führungskräfte unter dem Aspekt der Persönlichkeitsentwicklung zu subsumieren: Für den Personaler ist die Definition von Strukturen immer auch mit einer Soll-Vorstellung gewünschten Führungsverhaltens verknüpft. Diese ist notwendigerweise mit Qualifizierung auf der Verhaltensebene verbunden, weshalb die Persönlichkeitsentwicklung nicht zu kurz kommt. Der Personalentwickler hat also trotz der rigiden Formfestlegung genug Raum, Inhalte der Persönlichkeitsentwicklung unterzubringen.

Strukturen haben immer einen dualen Charakter: Sie verhindern etwas, indem sie einen möglichen Handlungsraum ausklammern, gleichsam ermöglichen sie auch etwas, weil sie einen Handlungsraum positiv definieren. Bindet man diesen dualen Charakter an die beiden Organisationspersönlichkeiten, dann findet sich für die Organisationsspitze eher eine Entsprechung in der Verhinderungsperspektive, womit dem Kontrollaspekt der Hierarchie genüge getan wurde: Durch die positive Definition von Regelungen und Verfahren signalisiert die PE der Spitze, dass dem Auftrag entsprochen wurde, die hierarchische Kontrolle erhalten worden ist und mögliche, weil denkbare Verfahrensalternativen gut begründet nicht zum Optionsraum gehören.

Die operative Definitionsmacht im Sinne der Vorbereitung von verhaltensmodifizierenden PE-Maßnahmen liegt aber bei der PE, die die strukturellen Definitionen dergestalt vornehmen kann, dass die definierten Soll-Abläufe Herausforderungen an die Persönlichkeiten der Mitarbeiter stellen, die über PE-Maßnahmen gestützt werden können. Gleichsam verschafft sich die PE mit diesem Vorgehen eine kontinuierliche Legitimation.

Während für die Organisationsspitze also die strukturelle Seite des Instruments im Vordergrund steht, fokussiert die PE auf die interaktive Umsetzung durch entsprechendes Führungsverhalten. So finden beide Organisationspersönlichkeiten ihre Anliegen in der Konzeption und dem Einsatz von Instrumenten realisiert.

Instrumente sind mit anderen Worten geeignet, einer Suche nach Lösungen und Verbesserungen unterschiedlicher Organisationspersönlichkeiten einen gemeinsamen Begriff, eine Überschrift zu geben. Deshalb sind sie so attraktiv. Unter Zielvereinbarung z.B. kann man sich immer etwas vorstellen, der Begriff ist so offen, aber dennoch so klar, dass man sich dahinter immer etwas anderes vorstellen kann – was sich in der Realität dann aber dahinter verbirgt, steht auf einem anderen Blatt.

Kurz: Ein solches Instrument ist deshalb so beliebt, weil es alle Bilder zulässt, in sich vereinen lässt und die Organisationspersönlichkeiten von Verwaltungsspitze und Personalentwicklung zum Zuge kommen lässt. Und das ist letztlich auch ein wesentlicher Grund, warum PE von Organisation zu Organisation so unterschiedlich ausfällt.

6. Zusammenfassung und Versuch einer Antwort

Wagen wir also eine Antwort auf die Frage nach der Unterschiedlichkeit von PE. Zuerst einmal ist allein die Entscheidung Personalentwicklung zu betreiben, eine normative Entscheidung. Personalentwicklung wird schlichtweg für sinnvoll erachtet und im Kontext weitreichender organisatorischer Veränderungen für notwendig gehalten. Wann sie als notwendig erachtet wird und welche Mittel und Wege zum Ziel führen, ist eine Frage grundlegender Überzeugungen über das Wesen der Organisierung als der Einbindung von Mitarbeitern in den strukturellen und funktionalen Zusammenhang der Organisation.

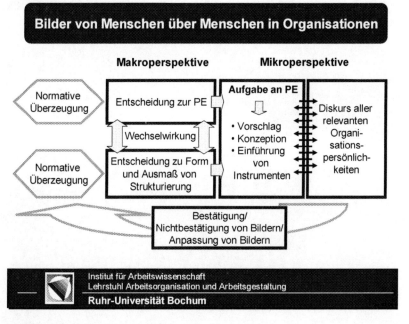

Abbildung 14

Die Entscheidung für PE wird im Gleichklang und im Wechselbild zur ebenfalls normativen Überzeugung dessen getroffen, wie Organisationen funktionieren, welchen Zweck sie haben und wie Organisationsziele erreicht werden. Hier entscheidet sich die Form und das Ausmaß von Strukturierung innerhalb der Organisierung. Hier entscheiden sich die Aufträge an die Personalentwicklung. Während diese Entscheidungen maßgeblich von hierarchisch übergeordneten Stellen vorbereitet werden und der PE zur Umsetzung und Ausführung übergeben werden, findet die Organisierung der Organisation, also der Vollzug der PE in einem wechselseitigen kommunikativen Gefüge aller relevanten Organisationspersönlichkeiten statt.

Sind die neuen Bilder, die die PE vorbereitet, anschlussfähig an die tradierten Bildern der übrigen Organisationspersönlichkeiten und bieten sie zudem Vorteile (oder auch die Vermeidung von Nachteilen!) an, dann haben sie Aussicht auf Erfolg. In diesen Falle werden Aspekte der neuen Bilder adaptiert und an die alten Bilder der jeweils relevanten Organisationspersönlichkeiten angeschlossen, es kommt zu einer Überlappung von Bildern unterschiedlicher Herkunft. Es entsteht eine neue Vorstellung über Arbeit und Zusammenarbeit. Es findet eine Entwicklung von Organisation und Berufsperson statt. Schlägt sich diese neue Überlappungszone unterschiedlicher organisatorischer Bilder nun in strukturellen Parametern von Instrumenten, Maßnahmen und Verfahren nieder, dann gewinnen die Bilder in der Organisation eine Gestalt. Sie werden zur Struktur gewordenen Realität von vormals unbewussten, aber handlungsleitenden Bildern.

DOMESTIZIERUNG DES PERSONALS ODER ENTWICKLUNG VON PERSÖNLICHKEITEN?
Zu Wirkungen und Nebenwirkungen der Personalentwicklung an Universitäten
Stephan Laske und Claudia Meister-Scheytt

Die Universität gilt trotz aller in den letzten Jahrzehnten vorfindbaren „Entzauberungen der Wissenschaft" und eines verbreiteten „university bashing" nach wie vor als geographischer Ort, an dem sich Qualität, Kompetenz oder Expertentum versammeln. Verbreitet finden sich in ihnen seit einiger Zeit auch Aktivitäten und Praktiken, die darauf abzielen, diese Expertise systematisch zu entwickeln: Personalentwicklung auch für die wissenschaftlich Tätigen in Universitäten gilt zunehmend als Ausdruck einer Universitätspolitik, die versucht, vorhandene Potenziale der MitarbeiterInnen zu nutzen und weiter auszubauen. In dem folgenden Beitrag soll ein kritischer Blick auf Rahmenbedingungen, Wirkungen und mögliche Nebenwirkungen von Personalentwicklung (PE) in Universitäten geworfen werden. Dabei geht es nicht zuletzt darum, sich mit der unvermeidbaren Ambiguität dieses (im Übrigen durchaus sinnvollen) personalpolitischen Instruments auseinander zu setzen.

1. Einstimmungen – Geschichten aus dem universitären Alltag

In den vergangenen Jahren wurden in Österreich als Teil der operativen Universitätsleitung mehrere Vizerektorate für Personal und Personalentwicklung eingerichtet. Während des Hearings eines der Kandidaten zitierte dieser Oswald Neuberger: „PE ist die Umformung des unter Verwertungsabsichten zusammengefassten Arbeitsvermögens" (Neuberger 1994, S. 3). In weiterer Folge machte er sich kurz darüber lustig, dass er selbst den Satz nicht verstand und sprach von da an in erster Linie über die in den kommenden Jahren zu erwartende quantitative Entwicklung der Stellenzuweisungen durch das Ministerium.

Aus dem Entwicklungsplan einer als besonders reformfreudig ausgezeichneten deutschen Universität:

„Nicht ihre historischen Erfolge, nicht ihre Visionen, sondern die Mitarbeiter sind die Zukunft der .... Universität. Es ist ein allgemeines Defizit der Hochschulen, dass eine fach- und persönlichkeitsorientierte Personalentwicklung soviel wie unbekannt ist. Immer anspruchsvollere Aufgaben verlangen gerade an einer ... Universität nach einer ständigen Qualifizierung der Mitarbeiter, sowohl im wissenschaftlichen als auch im nicht-wissenschaftlichen Bereich. Hierin liegt ein enormes, bisher kaum genutztes Entwicklungspotential, welches auszuschöpfen die Voraussetzung zur Erreichung der hochgesteckten Ziele dieser Universität ist. Ihr und dem Staat gegenüber ist die Vernachlässigung der Mitarbeiterförderung unverantwortlich. Jedes talentierte Hochschulmitglied, unabhängig von seiner Stellung, verdient die bestmögliche Talentförderung zum persönlichen Vorankommen."

Es dürfte wohl kaum jemanden geben, der dieses Statement nicht als zutreffend bezeichnen würde. Allerdings muss man auch die „reale Robustheit" einer derartigen Aussage prüfen: Der Personalentwicklungsetat der betreffenden, vergleichsweise großen Universität umfasste (im Jahr der Auszeichnung) einen Betrag von etwa 25.000.- Euro. Auch (und gerade) Universitäten sind offenbar in der Lage, „Potemkinsche Dörfer" oder Rationalitätsfassaden zu produzieren - interessant ist nur, dass dies den Evaluatoren nicht aufgefallen zu sein scheint...

An der Sozial- und Wirtschaftswissenschaftlichen Fakultät der Universität Innsbruck wurde vor ca. 10 Jahren eine systematische Lehrveranstaltungsanalyse eingeführt. Aufgrund der Überlegung, dass schlecht bewertete Lehrende in der Regel nicht schon allein dadurch bessere Lehrende werden, dass man sie als „schlecht" klassifiziert und die Evaluierungsergebnisse öffentlich zugänglich macht, sah die Fakultätsleitung die Notwendigkeit für ein begleitendes Qualifizierungsangebot. Eine kleine Arbeitsgruppe (mit je einem Professor, einem „Mittelbauvertreter" und einem Studierenden) lud jene Lehrpersonen zu einer Beratung über Ursachen und Abhilfemöglichkeiten ein, deren Veranstaltungen schlechter als „befriedigend" beurteilt wurden. Dieses Angebot wurde de facto allerdings nur von Personen wahrgenommen, die sich noch nicht in einem dauerhaften Dienstverhältnis befanden – verbeamtete Hochschullehrer[1] schienen lernresistent ...

Soweit eine erste Einstimmung. Aber wovon ist eigentlich die Rede, wenn von PE an Universitäten die Rede ist?

2. Zum Grundverständnis von Personalentwicklung

Wir wollen hier keine ausführlichen Begriffserläuterungen anstellen, sondern nur knapp auf drei gängige Typen von PE-Verständnissen hinweisen:

Eine erste Gruppe versteht unter PE die *zahlenmäßige Entwicklung unterschiedlicher Stellenkategorien* – dahinter steckt vermutlich ein gewisses „ordinarialkardinales" Denken, wonach es einen linearen Zusammenhang zwischen der Zahl der Mitarbeiter und der eigenen Bedeutung als Wissenschaftler gibt.

Eine zweite Gruppe definiert PE vorwiegend als *Anpassungsqualifikation an sich verändernde Herausforderungen* – also als Beseitigung vorhandener oder sich auf-

---

[1] Wir verwenden in diesem Beitrag im Sinne einer selbstverständlichen Gleichbehandlungslogik maskuline und feminine Sprachformen alternativ.

grund von verändernden Handlungsbedingungen ergebender Qualifikationsdefizite durch Weiterbildungsmaßnahmen.[2]

Eine dritte Form schließlich versteht – noch etwas weiter gehend – unter Personalentwicklung *Maßnahmen der sozialen, organisatorischen und qualifikatorischen Entwicklung und Integration des Personals* (im wissenschaftlichen und nichtwissenschaftlichen Bereich) (vgl. Laske 1987). Personal in der Organisation „Universität" umfasst im übrigen auch die Gruppe der Professoren, auch wenn diese Zugehörigkeit oftmals nicht deren Selbstverständnis entspricht ...

Personalentwicklung wird in der Fachliteratur verbreitet mit einer „positiven Aura" verknüpft – geht es doch u.a. um individuelle *Entwicklung*, um die *Förderung* von Qualifikationen, die *Stützung* der „Employability", d.h. der Arbeitsmarkt-„Gängigkeit" der Beschäftigten, um den *Abbau von Schwächen*, die breitere *Einsatzfähigkeit* der Mitarbeiter, die *Verbesserung* der Effizienz usw.

Dieser vorwiegend behübschende, instrumentalistisch-glattgebügelte Blick auf die Personalentwicklung läuft Gefahr, eine recht einseitige Position zu formulieren. Da bleibt das Verwertungsinteresse der Organisation zu sehr im Hintergrund, da scheint es keine Interessensverwerfungen oder -konflikte zwischen Individuum, Organisation und deren Leitung zu geben. Da besteht das Risiko, dass Erfahrungen aus Wirtschaftsunternehmen unreflektiert auf die Universität übertragen werden und damit eine derzeit recht ausgeprägte, gleichwohl auch problematische Tendenz zu einem „new managerialism" verstärkt wird. Während Wirtschaftsunternehmen, um wettbewerbsfähig bleiben zu können, versuchen müssen, die durch PE „veredelte" Arbeitskraft möglichst lange und ausschließlich an das eigene Unternehmen zu binden, liegt es im Interesse der Universität, im Sinne einer Reputationssteigerung die durch PE „veredelte" Arbeitskraft möglichst an andere gute Universitäten abgeben zu können - ein erteilter Ruf an einen Kollegen gilt immer noch als höchster Qualitätsausweis für die eigene Universität.

Wir möchten deshalb etwas genauer nach den Nebenwirkungen und Tiefenstrukturen von PE fragen, und dabei auch für jene universitären Praktiken sensibilisieren, die zwar nicht PE heißen, aber evtl. eine nachhaltigere Umformung des Arbeitsvermögens bewirken als die „offizielle PE".

---

[2] Dabei wird von einer stark individualisierten Logik ausgegangen, wonach sich erstens zwischen vorhandenen und erforderlichen Qualifikationen von Personen eindeutig feststellbare Differenzen ermitteln lassen, zweitens diese Differenzen mehr oder weniger handwerklich ausgeglichen werden können und vor allem, dass drittens aufgrund dieser zusätzlich erworbenen (individuellen) Qualifikationen entsprechende Leistungen erbracht werden – und dies weitgehend unabhängig von den sozialen und strukturellen Handlungsbedingungen, innerhalb derer diese Leistungen zu erbringen sind. Dies sind zweifellos recht „heroische" Grundannahmen.

Letztlich wollen wir gewissermaßen eine Art „Beipackzettel"-Funktion übernehmen.[3] Und wir tun das ganz bewusst „in Druckbuchstaben", also eher holzschnittartig als mit dem Ziselierstift. Wenn wir in unseren Beispielen mehr auf den akademischen Bereich der Universitäten verweisen, dann nicht zuletzt deshalb, weil uns erstens dieser Bereich vertrauter ist und zweitens PE in den Universitätsverwaltungen eine sehr viel längere Tradition hat und dort die „akademische Eigentümlichkeit der Expertenorganisation Universität" vermutlich weniger deutlich zum Ausdruck kommt, außer als „externe" Störung...

3. Universitäten im Sog der Modernisierung – Beobachtungen an der Oberfläche

In den vergangenen Jahrzehnten erlebten die Universitäten sehr viel Druck: Druck durch die Mengen an Studierwilligen, Wettbewerbsdruck, internationalen Druck, Leistungsdruck, Budgetdruck, Legitimationsdruck, politischen Druck, ökonomischen Druck, Reformdruck usw. Als Folge haben sich nicht zuletzt mit dem Konzept des „New Public Management" – also mit der Übertragung von Managementinstrumenten auf den öffentlichen Sektor – auch in den Universitäten neue Argumentationsmuster entwickelt (vgl. z.B. Titscher/Winckler 2000; Titscher/Höllinger 2003; Zechlin 2002). Ob man schon von etablierten neuen Denkmustern sprechen kann, wagen wir zu bezweifeln – nicht selten lässt sich in den Universitäten als Reaktion auf diese Tendenzen bei den Betroffenen auch ein resignatives Fluchtverhalten beobachten. Dennoch: Die offiziellen Sprachspiele an den Hochschulen haben offenkundig sehr nachhaltige Anleihen in den Managementwissenschaften gemacht: Strategische Planung, Controlling, Effizienz, Kosten- und Leistungsrechnung, Total Quality Management, Zielvereinbarungen, Kundenorientierung, und eben auch Personalentwicklung usw. gehören heute geradezu zum selbstverständlichen Sprachspiel jeder „modernen" Universitätsleitung.

Wir möchten den Leserinnen und Lesern längere Ausführungen darüber ersparen, dass den Universitäten mit dieser Entwicklung nur teilweise ein Gefallen getan wird, dass die zu beobachtende „Ökonomisierung der Hochschulen" fast unweigerlich in jene Rationalitätsfalle führt, die mit diesem Ökonomismus verbunden ist (vgl. z.B. Willmott 1995, Pritchard/Willmott 1997). Vielmehr geht es uns darum aufzuzeigen, welcher Platz der PE in dieser Entwicklung zugedacht wird.

Das Personal – wissenschaftliches wie nicht-wissenschaftliches – stellt in Universitäten zweifellos die wichtigste strategische Ressource dar. Diese Aussage ist nicht Ergebnis einer überkommenen Sozialromantik; sie bestätigt sich vielmehr sowohl in

---

[3] In der Werbung für frei verkäufliche Arzneimittel ist in Österreich zwingend die Formulierung vorgeschrieben: „Über Wirkungen und mögliche Nebenwirkungen informieren Sie Gebrauchsinformationen, Arzt oder Apotheker" – wenn es doch Vergleichbares für die Übertragung betriebswirtschaftlicher Instrumente aus dem Wirtschafts- auf den Hochschulbereich gäbe!

finanzwirtschaftlicher Hinsicht, als auch im Hinblick auf die zentralen Wertschöpfungsprozesse an Universitäten:

Die Personalkosten haben regelmäßig den größten Anteil am Gesamtbudget (ihr Verhältnis zu den sonstigen Kosten beträgt in staatlichen Universitäten zwischen 2:1 und 4:1).

Die Universität ist in allen Wertschöpfungsbereichen (Forschung, Studium, Weiterbildung, Wissenstransfer) wesentlich auf den Aufbau der Humanressourcen orientiert und aufgrund des oftmals unmittelbar personengebundenen Know Hows von diesem abhängig.

Die Effizienz universitärer Kernprozesse lässt sich nur begrenzt durch technische Rationalisierung steigern. Der Einsatz und die Entwicklung des „human capital" bestimmen letztlich den Erfolg von Universitäten.

Hinzu kommt, dass durch die Verlagerung wesentlicher Steuerungsfunktionen an die Universitäten im Rahmen der sog. Autonomisierungsprozesse dort ein verstärkter Bedarf an „Managementkompetenzen" anfällt, sowohl auf der obersten Ebene als auch auf Fakultäts- und Institutsebene.

4. Personalentwicklung als systematischer Aufbau von „Humanressourcen"

Noch vor einigen Jahren war Personalentwicklung an den Universitäten eine weitgehend unbekannte Vokabel. Salopp gesagt, gab es für die „Academia" zwei grundsätzliche „Ansätze", wie personale Entwicklung und Kompetenzaufbau erfolgen konnten:

Das Modell „Meisterlehre": Der Meister, d.h. der Hochschullehrer, leitet „seine" Assistenten umfassend an. Da werden theoretische Zugänge und Paradigmen offeriert, Deutungsmuster der Realität vorgegeben, Urteile und Vorurteile über andere Wissenschaftsdisziplinen und Kolleginnen weitergegeben, Fachwissen vermittelt, wissenschaftliches Arbeiten geübt, akademische Rituale einstudiert, kurz: das Verhaltensrepertoire in seiner Gänze wird an die nächste Generation Hochschullehrer weitergegeben - Verbiegungen mit eingeschlossen. Das „Prinzip Imitation" („Mach's wie dein Chef") kann Vieles bedeuten: Vorbildhaftes Verhalten, aber auch Drohung. Aber auch die umgekehrte Regel („Mach's nicht wie dein Chef") bietet keine Sicherheit: Die Risiken für Studierende, die Betroffenen selbst oder das System Hochschule als Ganzes sind nicht zu übersehen. Misslingt die Meister-Schüler-Beziehung wird jedenfalls in Kontinentaleuropa schnell von „alten" feudalistischen (Ausbeutungs-)Strukturen gesprochen.

Der zweite „Ansatz" – nicht weniger risikoreich – besteht in der mehr oder weniger stillschweigenden Hoffnung auf die regelmäßige Wiederholung des Pfingstwunders nach dem Motto, „... wem Gott ein Amt gibt ..." (eine heute durchaus noch verbreitete Haltung).

Kurz: Die Praktiken der Personalarbeit an kontinentaleuropäischen Universitäten hatten sich oftmals „naturwüchsig" bzw. an einer administrativen, dienstrechtlichen Logik entlang entfaltet. Personalarbeit wurde praktisch gleichgesetzt mit „Personalverwaltung" (vgl. etwa Auer/Laske 2003). Inzwischen scheint sich die PE-Funktion – wenn auch oft noch langsam und budgetär „schaumgebremst" – an den Universitäten deutlich professioneller zu etablieren.

Stark verallgemeinernd besteht der offizielle Auftrag der Personalentwicklung darin, das Personal so zu qualifizieren, dass es die universitären Kernprozesse in Forschung, Lehre und Verwaltung möglichst kompetent und in einem angemessenen Kosten-Nutzen-Verhältnis gestalten kann. Dementsprechend soll PE versuchen, Handlungskompetenzen und Handlungsbedingungen durch den Auf- und Ausbau von Know How, aber auch durch die Beeinflussung von Werthaltungen und Verhaltensformen bei den Universitätsangehörigen zu prägen. Gewissermaßen unvermeidbar ist dabei auch die Formung der Persönlichkeit mit eingeschlossen.

In Literatur und Sonntagsreden findet sich darüber hinaus häufig die Forderung, dass sich diese Entwicklungsprozesse an den universitären Entwicklungsstrategien orientieren sollten. Angesichts oftmals (noch?) fehlender strategischer Konzepte scheint uns dies allerdings eine äußerst schwierige Auflage zu sein.

Aber auch sonst steht die Personalentwicklung aufgrund der Eigenlogik der Universität vor einer Reihe von Barrieren, die es zu überwinden gilt (wir können hier nur exemplarisch und thesenartig auf einige dieser Hürden hinweisen):
Universitäten kann man als Organisationen definieren, in denen die einzelnen Untereinheiten nur lose miteinander gekoppelt sind und die – individuell oft geschützt durch den Beamtenstatus ihrer Mitglieder – relativ hohe Freiheits- und Eigensinnigkeitsgrade besitzen (Weick 1976). Dies schließt die Freiheit mit ein, sich organisierten Lernprozessen durch PE zu entziehen.
Im Zuge ihrer beruflichen Sozialisation haben sich zahlreiche Hochschullehrer eine Einstellung angeeignet, wonach sie einer „Belehrung durch Dritte" nicht bedürfen. Universitäten werden auch als Expertinnenorganisationen, als organisierte Anarchien angesehen (Davies), deren Angehörige nur schwer steuerbar sind. Salopp könnte man sagen, dass diese individuelle Autonomie zum konstitutiven Selbstverständnis von Wissenschaftlern gehört.[4]
Wissenschaftlerinnen verstehen sich nur selten als „Personal" der Universität; man ist bestenfalls „Ich-Unternehmer" oder „Ich-Aktionär" (vgl. z.B. Lanthaler/Zugmann 2000; dazu kritisch Laske 2002), der die Chancen einer Verbesserung seiner Arbeitssituation entweder durch erfolgreiche Berufungsverfahren oder durch die Verfolgung sonstiger persönlicher Interessen jederzeit wahrzunehmen ver-

---

[4] Das für die Institution „Wissenschaft" zentrale Grundrecht der Wissenschaftsfreiheit wird nicht selten individualistisch interpretiert als (unbeschränkte) Freiheit des Wissenschaftlers – mit allen möglichen negativen Nebenfolgen.

sucht. Hinzu kommt die Erfahrung, dass die Anbindung der einzelnen Wissenschaftler an die Universität durch das Dienstrecht eher locker ist (vereinzelt auch „locker" gehandhabt wird) und sich Reputation und Zugehörigkeit oft mehr über den fachlichen, disziplinären Kontext entwickeln als über die Institution.

In Universitäten trifft man zuweilen immer noch auf ein Selbstverständnis, nachdem es durchaus Sinn macht, zentrale Leitungsfunktionen mit mehr oder weniger amateurhafter Besetzung erledigen zu lassen (Wer ist dran? Wer war noch nicht? Wer wehrt sich am wenigsten? ...). Außerdem scheint es als Schwäche interpretiert zu werden, wenn man sich in komplexen Fragen beraten lässt. Hier dürften die Universitätsreformen zweifellos den Professionalisierungsdruck – und damit indirekt auch die Qualifizierungsbereitschaft - verstärken (vgl. aber auch Laske/Meister-Scheytt 2003).

Hinzu kommt eine Reihe konstitutiver Dilemmata, die sich de facto als mögliche Hürden für die Akzeptanz von PE-Maßnahmen erweisen:

- Orientierung an der Fachdisziplin vs. Orientierung an der Organisation.

- Selbstverständnis des akademischen Bereichs vs. Selbstverständnis der Verwaltung.

- Dienstrechtlich „starkes" Personal (z.B. Beamte) vs. „schwaches" Personal (z.B. Mitarbeiter mit befristeten Verträgen in Drittmittelprojekten). Beide Gruppen sind - je auf ihre Weise - keine idealen Zielgruppen für Personalentwicklung.

- Aufbau interner Personalressourcen vs. akademische Mobilität. Bei zunehmender Konkurrenz unter den Universitäten hat akademische Mobilität den „Verlust" qualifizierter Wissenschaftlerinnen zur Folge, erhöht aber dadurch gleichzeitig die Reputation der „abgebenden" Universität.

- Spannungsverhältnis zwischen dem Aufbau individueller Kompetenzen und der Abwertung des „Humanpotenzials" durch hochschulpolitische Veränderungen der Rahmenbedingungen.

Trotz dieser zum Teil schwierigen Bedingungen findet PE an zahlreichen Universitäten statt, wird von den damit befassten Kolleginnen und Kollegen kompetent und nachhaltig am Aufbau nicht nur der individuellen Kompetenzen gearbeitet, sondern auch eine Kultur der selbst gesteuerten Organisationsentwicklung zu implementieren versucht.

5. Auf die Wirkung kommt es an – „Bruchstellen sind Fundstellen"

„Was tun Sie", wurde Herr K. gefragt, „wenn Sie einen Menschen lieben?"
„Ich mache einen Entwurf von ihm", sagte Herr K.,
„und sorge ‚dass er ihm ähnlich wird." „Wer?
Der Entwurf?" „Nein", sagte Herr K.,
„der Mensch."
(B. Brecht)

PE stößt aber nicht nur auf Barrieren, sie produziert – selbst bei bester Absicht – Nebenwirkungen. Darüber hinaus hat sie nicht nur eine Primärfunktion (nämlich die eigentlichen Qualifizierungsprozesse) sondern für die TeilnehmerInnen auch zahlreiche Sekundärfunktionen (z.b. hört man in gemeinsamen Weiterbildungsveranstaltungen den neuesten Tratsch, lernt neue Leute kennen und kann sein Netzwerk erweitern, man tauscht das wichtige „tacit knowledge" aus, also jenes Wissen, das einem die technische und soziale Alltagsbewältigung erleichtert, die Teilnahme kann eine Karrierebedingung sein, man dokumentiert die eigene Lernbereitschaft (vgl. Neuberger 1987). Schließlich findet PE systematisch unsystematisch statt, d.h. durch universitäre Praktiken, die überhaupt nicht gezielt als konkrete Entwicklungsmaßnahmen gedacht waren, die aber eine sehr nachhaltige Verhaltenswirkung entfalten. Man kann auch sagen „Die Organisation erzieht!" Wir wollen im Folgenden den Blick in diesem Zusammenhang auf drei ausgewählte Aspekte richten:

Ein erster zentraler Fragenbereich betrifft die PE selbst. Knappe Ressourcen zwingen zur Prioritätensetzung, man kann nicht alles machen, sondern muss über Inhalte, Adressaten, Methoden, Rahmenbedingungen usw. entscheiden. Mit diesen Entscheidungen über PE-Programme sind aber unvermeidbar Einschließungen und Ausschließungen verknüpft. Damit übernimmt PE eine zwar wenig diskutierte, aber gleichwohl eminent wichtige universitätspolitische Rolle: Über die PE-Programme werden Bilder der Universität transportiert, sie teilen mit, worauf es aktuell ankommt. Es macht einen Unterschied, ob der Fokus der Aktivitäten auf die Verbesserung des individuellen Know How, auf soziale Kompetenzen, auf sog. „Oberflächenwissen" oder auf „Tiefenwissen" (Müller/Hurter 1999), auf Förderung der Lehr- und/oder der Forschungskompetenz, oder auf Organisationsentwicklung gelegt wird und auf welche Adressatengruppen man abzielt. Der Blick sollte sich von daher immer auch auf das Ausgeschlossene richten und nicht zuletzt darauf, wer den PE-Bedarf definiert oder sollten wir besser sagen: konstruiert?[5]

Nicht minder wichtig für die „normative Imprägnierung" des Personals ist die anschließende Frage, mit welchen Werten die ausgewählten Inhalte unterlegt sind, d.h.

---

[5] Zum mikropolitischen Charakter von PE vgl. z.B. Auer/Gorbach u.a. 1993

welche normativen Botschaften gesendet (oder nicht gesendet) werden. Wenn etwa Hochschullehrer lernen, dass Studierende ihre Kunden seien, darf man sich nicht wundern, wenn sich beide – zum Schaden der Universität und ihrer selbst – mittelfristig auch so verhalten; wenn als ein wesentliches Merkmal guter Lehre der Einsatz von Power Point gilt, wird binnen kurzem die „Ästhetik der Oberflächlichkeit", bei der die Form den Inhalt schlägt, ihr Regime antreten. PE-Programme haben also unweigerlich nicht nur auf der inhaltlich-instrumentellen Ebene (z.b. wie schreibe ich einen Forschungsantrag oder Forschungsbericht, wie leite ich eine Institutseinheit usw.) sondern auch auf der normativen Ebene eine standardisierende Wirkung. Oder, wie Dessler (Dessler 1997, S. 247) es ausdrückt: „... (they are) installing in all employees the prevailing attitudes, standards, values and patterns of behaviour that are expected by the organization and its departments". Wir sehen mit dieser Standardisierung mehrere Risiken verbunden (für die wir allerdings auch keine schnelle Lösung anzubieten haben):

- Erstens das Risiko für die Vielfältigkeit und Buntheit der Hochschule - Universitäten leben auch von den „Typen", nicht nur von der Typisierung.
- Zweitens das Risiko des Unbedachten; dass – aus welchen Gründen immer (z.b. weil man aktuellen Trends nachläuft) – Haltungen geprägt werden, die man eigentlich nicht will.
- Drittens das Risiko der Manipulation: anders gesagt, wer hat mit welcher Legitimation das Recht, Dritte in eine spezifische Richtung zu entwickeln?

Als dritten Aspekt möchten wir die Problematik der „Alltagsentwicklung" herausgreifen. Damit meinen wir, dass wir als Angehörige der Universität im Arbeitsalltag immer wieder mehr oder weniger nachhaltig beeinflusst werden (und dass diese Beeinflussungsprozesse häufig genau in die umgekehrte Richtung laufen können wie die Anstrengungen der PE). Da bemüht sich die PE, den zu wissenschaftlichen Einzelkämpfern sozialisierten Forschern den Teamgedanken nahe zu bringen, das System verlangt durch entsprechende Evaluierungskriterien aber nach individueller Qualifizierung. Da sollen Hochschullehrerinnen mehr mit ihrer gesellschaftlichen Umwelt kooperieren und ihre zuweilen massive autistische „déformation professionelle" überwinden, die Beurteilungskataloge verlangen aber nach vielen Publikationen und lassen wenig Raum für zeitaufwendige Akquisitionsarbeiten. Da sollen Hochschullehrer einerseits mehr Aufwand für die Lehre betreiben – für die Karriereentwicklung bleibt dies jedoch weitgehend irrelevant.[6] Da werden die „guten Regeln wissenschaftlichen Arbeitens" erörtert, im Alltag signalisieren Vorgesetzte aber nach wie vor, dass ihnen durch ihre hierarchische Stellung eine sog. „Ehrenautorenschaft" gebührt. Da wird Qualität zur offiziellen Norm, gar der Vision und der Strategie der Universität und dennoch zählt letztlich oft mehr die Menge. Wenn in Berufungsverfahren nur mehr die Veröffentlichungspunkte der Bewerberinnen gezählt, die Publikationen aber

---

[6] Wo ist schon eine Universitätslehrerkarriere an mangelnder Kompetenz für die Lehre gescheitert?

nicht mehr gelesen werden (wie dies einer der Verfasser selbst erlebt hat), führt sich die Universität ad absurdum: Quantität schlägt Qualität.

Standardisierungseffekte gehen von vielen universitären Praktiken aus – ganz besonders allerdings von Evaluierungs- und Anreizsystemen: Wenn etwa Veröffentlichungen in Fachzeitschriften besonders hohe Punktwerte erhalten, kommt diesen Zeitschriften (und vor allem deren Herausgeberinnen und Reviewern) eine zentrale Nadelöhrfunktion zu: Wer sich nicht an die dort vorherrschenden wissenschaftlichen Paradigmen und methodischen Vorlieben hält, hat wenig Chance, mit Manuskripten zu „landen". Die herrschende Wissenschaft heißt nicht umsonst „herrschend". Sie zwingt vor allem die noch nicht etablierten Kollegen zur Anpassung. *Auch das System als Ganzes domestiziert ...*

6. Personal oder Persönlichkeit?

Wir haben unseren Beitrag mit einer Frage im Untertitel versehen: Trägt PE an den Universitäten zur „Domestizierung des Personals" oder zur Entwicklung von Persönlichkeiten bei? Die Antwort lautet – es wird kaum überraschen – „im Prinzip beides!"

Unabhängig vom guten Willen der handelnden Personen steht Personalentwicklung immer im Spannungsfeld von individuellen Entwicklungsvorstellungen einerseits (das schließt auch den Willen ein, sich nicht im organisationsoffiziellen Sinne entwickeln zu müssen) und organisationalen, d.h. universitären Notwendigkeiten andererseits. Die eine Funktion schafft systematisch Spielräume für die Persönlichkeitsentwicklung. Durch die unmittelbare Verknüpfung von Know How und Person in Expertenorganisationen sind diese Chancen (und gleichzeitig das darin liegende Risiko) unweigerlich inkludiert. Gleichzeitig aber hat PE die Aufgabe, Personen, die als Mitarbeiter in die Universität kommen, zu Personal zu machen, ihnen die wichtigsten Verhaltensregeln nahe zu bringen, sie in die Lage zu versetzen, ihre Aufgaben heute und in absehbarer Zukunft kompetent wahrzunehmen und nicht zuletzt, ihnen den „Stallgeruch" zu vermitteln, ohne den sie sich in der Organisation vermutlich eher fremd fühlen.

Es gibt so etwas wie eine „normative Falle der Personalentwicklung". PE ist ein Prozess, bei dem es in erster Linie nicht um die freie Entfaltung der Persönlichkeit geht, sondern um die Nutzung des Potenzials des wissenschaftlichen und nichtwissenschaftlichen Personals – selbst wenn manche Hochschullehrerinnen dies nicht wahrhaben wollen. PE ist also nicht von vornherein „gut" – vielmehr können wir eine Anleihe bei einem derzeit aktuellen Werbespruch nehmen: Mit PE ist es wie mit Beton, „es kommt drauf an, was man draus macht!" – und wie die Universitätskulturen und -strukturen vor allem im Hinblick auf die gesellschaftlichen, universitätspolitischen, wissenschaftlichen und sozialen Grundwerte offiziell und subkutan wirksam werden.

Literaturverzeichnis

Auer, M./Gorbach, St. u.a. (1993): Mikropolitische Perspektiven der Personalentwicklung, in: Laske, St./Gorbach, St. (Hrsg.), Spannungsfeld Personalentwicklung, Wien, S. 153 – 169.

Auer, M./Laske, St. (2003): Personalpolitik an Universitäten – Bestandsaufnahme und kritische Analyse, in: v. Eckardstein, D./Ridder, H.-G. (Hrsg.): Personalmanagement als Gestaltungsaufgabe im Nonprofit und Public Management, München und Mering, S. 181 – 201.

Dessler, G. (1997): Human Resource Management, Upper Saddle River.

Lanthaler, W./Zugmann, J.(2000): Die Ich-Aktie. Mit neuem Karrieredenken auf Erfolgskurs. Frankfurt/Main.

Laske, St. (2002): Das verkaufte Selbst – oder: Loyalty and Solidarity Lost?, in: Götz, K. (Hrsg.): Personalarbeit der Zukunft, München und Mering, S. 27 – 38.

Laske, St. (1987): Personalentwicklung als Führungsmittel, in: Kieser, A./Reber, G./Wunderer, R. (Hrsg.), Handwörterbuch der Führung, Stuttgart, Sp. 1656 – 1668.

Laske, St./Meister-Scheytt, C. (2003): Wer glaubt, dass Universitätsmanager Universitäten managen, glaubt auch, dass Zitronenfalter Zitronen falten, in: Lüthje, J./Nickel, S. (Hrsg.): Universitätsentwicklung – Strategien. Erfahrungen. Reflexionen, Frankfurt/M., S. 163 – 187.

Müller, W.R./Hurter, M. (1999): Führung als Schlüssel zur organisationalen Lernfähigkeit. In: Schreyögg, G./Sydow, W. (Hrsg.): Managementforschung, Band 9, Berlin, S. 1 – 53.

Neuberger, O. (1994): Personalentwicklung, 2. Aufl., Stuttgart.

Neuberger, O. (1987): Der Hintersinn der Schulung, in: Management Wissen, Heft 2, S. 74 – 79.

Pritchard, C./Willmott, H. (1987): Just How Managed is the McUniversity?, in: Organization Studies, 18 (2), S. 287 – 302.

Titscher, St./Höllinger, S. (Hrsg.) (2003): Hochschulreform in Europa – konkret. Österreichs Universitäten auf dem Weg vom Gesetz zur Realität, Opladen.

Titscher, St./Winckler, G. u.a. (Hrsg.) (2000): Universitäten im Wettbewerb – Zur Neustrukturierung österreichischer Universitäten, München und Mering.

Weick, K. E. (1976): Educational organizations as loosely coupled systems, in: Administrative Science Quarterly, 21. Jg., S. 1 ff.

Willmott, H. (1995): Managing the Academics: Commodification and Control in the Development of University Education in the U.K., in: Human Relations, Jg. 48, S. 993 – 211.

Zechlin, L. (2002): Universitätsreform und New Public Management. Christian Brünner zum 60. Geburtstag, Graz (unveröff. Manuskript).

Wer wissenschaftlich führen will, verhindert Führung konsequent.
Ein Plädoyer für mehr Ethik und weniger Technik
Ferdinand Rohrhirsch

1. Einleitung

Meine sehr verehrten Damen und Herren, wer zu einem Vortrag eingeladen wird, der wird am Telefon häufig entlassen mit den Worten: „Wir sind gespannt darauf, was Sie uns Neues zu sagen haben."

Nun, jeder Vortragende braucht das Wohlwollen der Zuhörer, ich aber benötige nicht nur dieses, sondern darüber hinaus Ihre Toleranz, Ihr Mitdenken und mehr noch, ich bin auf Ihre Erfahrungen angewiesen. Ich werde Ihnen nämlich nichts Neues erzählen – weder können noch auch wollen. Ich werde Ihnen vom Selbstverständlichen berichten.

Das Selbstverständliche thematisieren ist nicht selbstverständlich. Nach Martin Heidegger aber zeigt sich im Selbstverständlichen die Abgründigkeit der Welt.[1] Das bedeutet für mich, in Hinsicht auf das Thema dieser Tagung: wer nicht nur wissen will *was* gemacht werden muss, damit etwas funktioniert und *wie* es gemacht werden muss, damit es richtig funktioniert, der muss die selbstverständlich akzeptierten Grundannahmen eines Sachgebietes immer wieder aus ihrer Selbstverständlichkeit reißen und erneut in die Fragwürdigkeit stellen. Echter Fortschritt bleibt ohne Rückwendung auf die leitenden Prinzipien und Ursprünge eines Sachgebietes frommer Wunsch. Wer das übersieht steht in der Gefahr Fortschritt mit Ortswechsel zu identifizieren.

Mein Beitrag besteht aus drei Teilen.

Teil 1 stellt die Bedeutung des Vorgesetzten heraus.
Teil 2 thematisiert die Fähigkeiten des Vorgesetzen und wie er sie bekommen soll und
Teil 3 bestimmt Führung als ethisch verantwortete Lebensform.

2. Zur Bedeutung des Vorgesetzten

Dass die Mitarbeiter eines Unternehmens nicht notwendig als Kostenfaktoren gesehen werden müssen, sondern auch als Vermögensbestand bewertet werden können, das hat sich mittlerweile herumgesprochen. Motivierte, leistungsfähige und dem Unternehmen solidarisch verbundene Mitarbeiter sind nicht nur der Traum jeder Unternehmensführung, sondern die tatsächliche Voraussetzung für eine positive und beständige

---

[1] Martin Heidegger (1996): Einleitung in die Philosophie (Gesamtausgabe Bd. 27), Frankfurt am Main, S. 50.

Entwicklung eines Unternehmens. Das gilt ganz besonders in denjenigen Unternehmen, in dem der Einzelne bzw. eine kleine Gruppe von Mitarbeitern ein hohes Maß an spezialisiertem Wissen besitzen, das oftmals über den Gesamterfolg eines Unternehmens entscheidet.

Theoretisch ist die Aufgabe für das Management einfach zu formulieren: es kommt ihm die Aufgabe zu, das „Human-Kapital" in optimaler Weise in die Wertschöpfungskette einzubinden. Praktisch allerdings hat dies zur Folge, dass die Erwartungen an die Manager (Führungskräfte mit unmittelbarer Mitarbeiterverantwortung und -kontakt) steigen. Versagt die Führung in dieser Aufgabe, dann zeigt sich in kurzer Zeit, dass die Annahme, ein Unternehmen ist sehr viel einfacher von oben nach unten zu ruinieren als umgekehrt, keine bloße Folklore ist.

Schon lange Zeit wird angenommen, dass es, ganz unabhängig von der Branche, nur einen Weg gibt, um wirklich dauerhaft Gewinn zu erwirtschaften. Nämlich ein Arbeitsumfeld zu schaffen, „in dem talentierte Mitarbeiter gewonnen, gehalten und zur Entfaltung gebracht werden können." (Buckingham & Coffman 1999, S. 14)[2]. Solcherart motivierte Mitarbeiter, das zeigt eine Untersuchung des amerikanischen Gallup-Instituts, die auf Datenerhebungen von über 25 Jahren beruhen, bringen nachweislich eine erhöhte Betriebsleistung. Anders formuliert: Eine Firma oder Abteilung mit hoher Mitarbeiterzufriedenheit bringt nicht nur ein besseres Betriebsklima, sondern auch höheren Gewinn. „Zu unserer Überraschung war die Gallup-Untersuchung ... die allererste branchenübergreifende Studie zum Zusammenhang zwischen Mitarbeitermeinung und Betriebsleistung." (Buckingham & Coffman, S. 25).

Was aber ist das Entscheidende für Mitarbeiterzufriedenheit? Was ist der entscheidenden Faktor, der dafür verantwortlich gemacht werden kann, dass manche Unternehmen mit Mitarbeitern ‚gesegnet' sind, – gleichgültig ob in Kirche, Militär, Industrie oder Dienstleistungsgewerbe –, die durch ausgeprägte Loyalität und hohe Produktivität auf sich aufmerksam machen? Zudem kommen solche Mitarbeiter auch nie isoliert vor, sondern im Verbund, z.B. als Mitarbeiter einer Filiale oder einer Abteilung.

Die Gallup-Untersuchung zeigt schwarz auf weiß: nicht das Gehalt, Zusatzleistungen, Vergünstigungen oder ein charismatischer Unternehmenschef an der Spitze ist der entscheidende Faktor für einen >starken<, produktiven Arbeitsplatz, sondern der Vorgesetzte. *„Der direkte Vorgesetzte entpuppte sich als der Schlüssel."* (S. 26) Der Vorgesetzte hat die größte und grundlegende Auswirkung auf Mitarbeiterbindung/ Fluktuation und Mitarbeitermeinung/Unternehmensertrag. Wenn also der direkte Vorgesetzte der Schlüssel ist, dann bedeutet dies, so die Autoren: „dass Mitarbeiter nicht Unternehmen verlassen, sondern Vorgesetzte." (S. 28). Anders formuliert: Die

---

[2] Marcus Buckingham; Curt Coffman (2001): Erfolgreiche Führung gegen alle Regeln. Wie sie wertvolle Mitarbeiter gewinnen, halten und fördern. Konsequenzen aus der weltweit größten Langzeitstudie des Gallup-Instituts, Frankfurt am Main.

Mitarbeiter kündigen nicht dem Unternehmen, sondern dem unmittelbaren Vorgesetzten. Wer also ein Fluktuationsproblem hat, sollte sich in allererster Linie die Vorgesetzten einmal näher ansehen, so empfehlen die Autoren (vgl. S.28).

Eigene Kindertagesstätten, Gymnastikabteilungen (bei Eddie Bauer, gibt es Rückmassage am Arbeitsplatz), viel Urlaub, Gewinnbeteiligungen, attraktive Fortbildungsangebote, Incentive-Reisen usw. Alle diese Dinge sind nicht unbedeutend. *„Wichtiger* aber ist der direkte Vorgesetzte. Von ihm hängt die Art und Qualität des gesamten Arbeitsumfeldes ab. Wenn er/sie für klare Erwartungen sorgt, den Mitarbeiter kennt, ihm vertraut, in ihn investiert, dann ist dieser gern bereit, der Firma das fehlende Gewinnbeteiligungsprogramm nachzusehen. Ist die Beziehung zum direkten Vorgesetzten hingegen gestört, können noch so viele Rückenmassagen und sonstige Anreize den Mitarbeiter nicht zum Bleiben bewegen oder gar zu Topleistungen anspornen. Zugespitzt formuliert: Es ist besser in einer altmodischen Firma für einen hervorragenden Chef zu arbeiten als in einem modernen, mitarbeiterorientierten Unternehmen für einen schlechten." (Buckingham & Coffman, S. 29).

3. Zu den Fähigkeiten des Vorgesetzten und wie er sie bekommen soll

Was macht aber aus einem Chef eine sehr guten Chef? Was hat er, was so viele andere nicht haben? Wer auf die Frage Antwort aus der populären Managementliteratur erwartet, der bekommt ganze Lastwagenladungen voll Eigenschaften, die der Manager der Zukunft hinsichtlich seiner Führungsfähigkeit haben sollte. Eine Auswahl: Er sollte sein Motivator, Koordinator, Blockadelöser, Konfliktlöser, Zielvereinbarer, Schiedsrichter, Sanktionierer, Visionär, Sinn-Macher etc.

Sein Anforderungsprofil entspricht in funktionaler Hinsicht einer Mischung aus Gärtner, Dompteur und Fluglotse, in personaler Hinsicht einer Mutation von Mutter Theresa und Lara Croft einerseits und Jack Welch und Wendelin Wiedeking andererseits.

Dass die Führungskraft der Zukunft eine Vielzahl der genannten Eigenschaften haben sollte, darüber sind sich die Autoren weitgehend einig. Höchste Uneinigkeit besteht jedoch darin, welcher der geeignete d.h. der kürzeste und effizienteste Weg ist, um Führungskräfte diese Eigenschaften zu 'implementieren'. Implementieren ist ja nicht nur ein hässliches Wort, sondern es zeigt genau, wie man sich das Aneignen von Führungseigenschaften vorstellt. Was fehlt wird implantiert; ob es die betreffende Person jemals assimilieren kann, das ist nicht die Frage. Es ist deshalb keine Frage, weil es in der populären Führungsliteratur meist um das WAS und das WIE geht (welche Führungseigenschaft ist wichtig und wie ist sie anwendbar). Und für diesen Zweck gibt es eine Unzahl von Konzepten und Techniken, mindestens von „erfahrenen Praktikern" vorgestellt oder fundiert durch die hierarchisch orientierte Erkenntnis-Trias: „neueste Erkenntnisse", „neueste wissenschaftliche Erkenntnisse" und „neueste wissenschaftliche Erkenntnisse aus den USA".

Einen festen Platz im Konzept- und Strategiewald nimmt der typische Machiavelli Ratgeber ein. Karriere ist Kampf. Es gibt entweder strategische Partnerschaften oder Gegner, ein Drittes ist nicht möglich. Die Machiavelli Ratgeber erkennen sehr genau, dass Karriereinteressen und Unternehmensinteressen nur sehr selten deckungsgleich sind. Der Karrierist stellt sich aus zweckrationaler Perspektive die völlig konsequente Frage: Wenn ich als Teil des Personals laut betriebswirtschaftlicher Personal- und Organisationslehre „als Mittel zur betrieblichen Zielerreichung eingesetzt" werde, warum soll ich dann die Sache nicht umdrehen und den Betrieb als Mittel meiner persönlichen Karrierevorstellungen nutzen? Und vom Nutzen zum Ausnutzen ist es dann meist nur ein kleiner Sprung, ja eher ein fließender Übergang. Die Führungsaufgabe wird als Mittel zum Zweck innerhalb des persönlichen Karriereplanes genommen und die Mitarbeiter bilden darin die Manövriermasse für die eigene, erfolgreiche Selbstdarstellung. Und als erfolgreich wird immer der wahrgenommen, der mit noch weniger Personal auskommt.

Da die durchschnittliche Verweildauer einer karriereorientierten Führungskraft am selben Arbeitsplatz maximal 3 Jahre beträgt (Urlaub eingerechnet), hat dann höchstens der Nachfolger das Problem mit der Hinterlassenschaft des Karristen, die in wenig anderem als verbrannter Erde besteht, d.h. in völlig demotivierten und misstrauischen Mitarbeitern, die in kaputtsanierten Abeilungen dahinagieren.

Auf der gleichen individualzentrierten Ebene ist die positive, amerikanisch-pragmatische Variante fundiert. Dort wird bei Fischverkäufern der Stein der Führung entdeckt. Und der lautet: Wir können uns selten aussuchen was wir für eine Arbeit machen wollen, immer aber können wir bestimmen *wie* wir sie erledigen, mit welcher inneren Einstellung wir unsere Arbeit machen wollen. Die Mentalität, die da zum Ausdruck kommt: „Mann kann alles, wenn man nur wirklich will" ist, wie so vieles im richtigen Leben, zum Teil wahr, aber eben nur zum Teil. Wer aber Teilwahrheiten als absolute Wahrheiten verkauft, der ist entweder naiv und durchschaut die Sache nicht oder er durchschaut sie und verschweigt bewusst den anderen Teil, dann lügt er.

Daneben gibt es noch die großen Gesellschafts- und Weltentwürfe. Das Alte trägt nicht mehr, deshalb muss es weg – vollständig. Die Metapher der Bio-Logik steht für das Neue Denken der zukünftigen Führungselite, die sich in Salzwassertanks selbst programmiert. Dass die großen Weltentwürfe ziemlich zusammengewürfelt sind, stört niemand, denn die Führungskraft der Zukunft setzt auf ‚Oberfläche statt Tiefe' und, glaubt nicht wirklich an etwas, sondern nutzt das, woran sie gerade glaubt'.[3]

Ein wenig Evolutionsbiologie, Stichwort Darwiportismus, wie ihn der Saarbrücker Betriebswirtschaftler Christian Scholz[4] gegenwärtig propagiert dazu etwas ‚Ethik' oder was darunter jeweils verstanden wird, etwas vergleichende Verhaltensfor-

---

[3] Vgl. Mokka Müller (2001): Das vierte Feld. Die Bio-Logik der neuen Führungseliten, München.
[4] Vgl. Christian Scholz (2003): Spieler ohne Stammplatzgarantie. Darwiportismus in der neuen Arbeitswelt, Weinheim.

schung, eine Prise neuester psychologischer Erkenntnis, und das ganze garniert, je nach Zielgruppe, mit ein wenig östlicher Philosophie oder ein wenig Jesus von Nazareth und fertig ist wieder ein Buch, das voll im Trend liegt.
Auch die Chaostheorie ist immer wieder gern gesehner Gast im Führungsmarkt. Ob es um Menschen oder Ameisen geht ist so entscheidend nicht, denn in komplexen Systemen ist es nicht wesentlich zu wissen, aus was die Systemteile bestehen. Ausschlaggebend ist die Kenntnis ihres gegenseitigen Verhaltens. Ich muss nicht jedes einzelne Molekül im Wassertopf überzeugen aktiver zu werden, ich kann am Parameter Temperatur die Aktivität aller Moleküle beeinflussen. Und was am Herd geht, geht auch bei Mitarbeitern oder bei Ameisen, denn die Gesetze der Komplexitätswissenschaft sind allgemein gültig.[5]

So hat der Manager die Qual der Wahl. Und weil lebenslanges Lernen zum Allgemeinplatz geworden ist, muss er auf die aktuellen Führungsseminare, am besten noch am Wochenende - sonst verliert er zuviel Zeit. Wer aber glaubt, gerade angesagten Eigenschaften nachjagen zu müssen, aus Angst den Anschluss zu verlieren, der kommt stets und grundsätzlich zu spät. So viele Kurse, Seminare und Workshops können überhaupt nicht absolviert werden, um stets auf der Höhe der Zeit zu bleiben. In immer schnelleren Abständen wird das eben Aufgenommene durch eine neue revolutionäre Erkenntnis und Methode ersetzt. Denn die gerade aktuellen Erkenntnisse veralten so schnell, wie die jeweilige Wissenschaft Fortschritte macht oder eine Trendwissenschaft von einer anderen abgelöst wird. Dieser immer schnellere Kreislauf ist kein Zufall. Er resultiert aus der Annahme, dass Führungseigenschaften und Führungstools aufgenommen werden können, wie man sich Informationen aneignet. Und wenn man über etwas Kenntnis hat, mit ihm umgehen kann, so dass es funktioniert, dann ist das Missverständnis nahe, zu glauben, man hätten die Dinge auch verstanden.

Doch im stets rotierenden Hamsterrad der neuesten Führungstechniken wird beständig eines übersehen, das so trivial, so selbstverständlich, so unauffällig ist, dass es kaum noch jemandem auffällt. Gedacht wird dabei an eine Erfahrung, die alle Handwerker an allen Orten und durch alle Zeiten gemacht haben: *Noch nie ist einer durch sein Werkzeug zum Meister geworden, wohl aber kann ein Meister mit Werkzeugen umgehen.*
Was aber gehört notwendig zu einem Meister? Was macht das Meistersein mit aus? Aristoteles gibt in seiner *Nikomachischen Ethik* die Antwort: Er nennt dort diejenigen, die auch ohne „wissenschaftliches Wissen zum praktischen Handeln in verschiedenen Dingen geeigneter sind als die Wissenden, ... die Erfahrenen."[6]
Doch eben dieser Erfahrung wird im Moment kein großer Stellenwert zugemessen. Denn, so lautet die unausgesprochene Prämisse: auch Wissen, das durch Erfah-

---

[5] Vgl. Alberto Gandolfi (2001) Von Menschen und Ameisen. Denken in komplexen Zusammenhängen, Zürich.
[6] Aristoteles (1984): Nikomachische Ethik, (dt. Übersetzung von Olof Gigon), München (1141 a 31).

rung gewonnen wurde, lässt sich explizieren, d.h. in Sätze formen, die überprüft werden können. Deshalb lässt sich auch Erfahrungswissen durch Wissensmanagement oder durch eine andere Form theoretischen Wissens ersetzen.

Die Verwissenschaftlichung von Alltagserfahrungen, die für Interaktionen im Unternehmenskontext relevant sind, wird zunehmend bedeutsamer. Ein Grund ist darin zu sehen, dass die Akteure in Entscheidungsprozessen immer jünger werden und dadurch immer weniger eigene Lebenserfahrung in ihre Entscheidungsprozesse einbringen können. Diese Lehrstelle lebensweltlicher Erfahrung wird gefüllt durch wissenschaftliche Studien über die Lebenswelt. Wissenschaftlich gesichertes Wissen soll die eigene Erfahrung ersetzen.

Doch damit wird das Selbstdenken über die gemachten Erfahrungen verhindert und die Entstehung von Verantwortlichkeitsstrukturen gehemmt, die für die Ausbildung eines Charakters notwendig sind. Intelligenz und Wissen sind für eine Führungskraft bei weitem nicht ausreichend. Führung benötigt primär Klugheit. Klugheit kann aus Erfahrung gewonnen werden. Erfahrung aber braucht Zeit.

Klugheit hat vorrangig – nicht ausschließlich – mit der Kenntnis des Einzelnen zu tun, weil zielgerichtete Interaktionen zwischen Personen stets in Handlungskontexte eingebettet sind. Das charakteristische an Handlungssituationen ist, dass sie einmalig und unwiederholbar sind. Deshalb geht es bei Handlungen im Gegensatz zum Herstellen nicht primär um *richtig und falsch* sondern um *gut und böse*. Und das ist nicht nur ein kleiner Unterschied, sondern eine andere Qualität.

Mit Klugheit ist ein ethisches Vermögen angesprochen, das unter dem Leitgedanken eines gelingenden Lebens im konkreten Einzelfall das Gute zu treffen vermag, indem es das jeweilige Handeln (hier und jetzt) daraufhin ausrichtet.

Führungswissen ist nicht vergleichbar mit der kontextgebundenen Beherrschung theoretischen Wissens. Theoretisches Wissen, verstanden als gesicherte Erkenntnis, ist verallgemeinerbar, lässt sich formalisieren, übertragen und kann von einem anderen aufgenommen werden. Bei der Erfahrung geht das nicht, sie ist nicht übertragbar, und deshalb versagen alle Techniken, Rezepte und Ratgeber zum Thema Führung, weil gerade das, was eine Führungspersönlichkeit ausmacht, wesentlich mit Erfahrung zu tun hat. Wissen kann aufgenommen werden, ohne dass sich der Aufnehmende dadurch ändert. Wer dagegen *seine* Erfahrungen gemacht hat und *seine* Lehren daraus gezogen hat, der hat die Möglichkeit, *sich* zu verändern und *sich* zu bilden. Der kann zu einem ‚Gebildeten' werden. [7]

Die völlige Ausblendung der ethischen Dimension innerhalb der Führungsproblematik wird fundiert durch das heute herrschende Bild des Menschen. Dieses wird von denjenigen Wissenschaften geprägt, die den Menschen als Lebewesen unter anderen bestimmen. Der Mensch ist vielleicht etwas intelligenter, aber er ist im Prinzip ein Untersuchungsobjekt wie jedes andere Lebewesen auch (eben ein *animal* wenn auch

---

[7] Vgl. Hartmut Volk / Ferdinand Rohrhirsch, Interview: Ein Plädoyer für mehr Ethik und weniger Management-Technik, in: Frankfurter Allgemeine Zeitung, Nr. 226 (29.09.2003), S. 20.

ein *rationale*). Jeder Biologe, jeder Psychologe muss so denken. Wenn er es wagen würde anders zu denken, wäre er kein seriöser und das heißt stets empirisch-orientierter Wissenschaftler mehr.

Wissenschaften unterstellen ,wenn-so' Zusammenhänge, ,immer wenn – dann'. Sie unterstellen grundsätzlich einen Ursache-Wirkungszusammenhang. Diese Unterstellung ist zur Beschreibung von Naturvorgängen nicht nur sinnvoll sondern erfolgreich. Sie hat sich in unendlich vielen Fällen bewährt. Sie hat jedoch eine gravierende Konsequenz: Freiheit und Wille, Autonomie und Selbstverantwortlichkeit haben in dieser Konzeption keinen Platz.[8] Aber genau diese Begriffe zeigen die zentralen Kategorien an, in denen Führung thematisiert werden muss.

Es kann und soll nicht bestritten werden, dass menschliche Praxis mit Hilfe wissenschaftlicher Methodik untersucht werden kann, die zutreffende Ergebnisse zeitigt. Die eingangs erwähnte Bedeutung des unmittelbaren Vorgesetzten verdankte sich ebenfalls wissenschaftlicher Methodik.

Doch damit hört die Verwissenschaftlichungskette nicht auf, jetzt fängt sie erst an, denn, so die vordergründig plausible Annahme: wenn die Bedeutung der Führungskraft wissenschaftlich gesichert werden kann, dann muss es auch mit Hilfe wissenschaftlicher Methodik möglich sein Methoden und Werkzeuge zu entwickeln, die Führungsarbeit wissenschaftlich planbar, herstellbar und prognostizierbar macht.

Und genau das geht nicht. Und wer es versucht, der hat von vornherein jede Chance verspielt, das Wollen seiner Mitarbeiter zu bekommen, weil er sie, wenn er sie wissenschaftlichen Kategorien entsprechend behandelt, als berechenbare und planbare Objekte nimmt. Er bestimmt sie als Mittel zum Zweck.

4. Führung als ethisch verantwortbare Lebensform

Es ist eine Grundfrage zu stellen, die bei einer Vielzahl von Führungspublikationen in sträflicher Weise vernachlässigt wird. Diese lautet: Wer ist denn der, der da führt und wer ist der, der geführt werden soll? Was damit angezielt wird zeigt sich dann, wenn der Vorgesetzte nicht mehr mit einem physikalischen Beigeschmack als Führungs*kraft*, sondern mit Führungs*persönlichkeit* übersetzt wird. Person ist nicht nur ein anderes Wort für Mensch, sondern mit ihm wird eine vollständig andere Orientierung gewählt. Im Ausdruck *Person* öffnet und zeigt sich die ethische Dimension des Menschen, die in den Begriffen Freiheit, Selbstverantwortlichkeit und Autonomie zur Sprache kommt. Der Mensch als Person betrachtet ist nach Immanuel Kant Zweck an sich selbst.

Wenn das Wissen um Führung unablösbar an eine Person gebunden ist, dann wird eines sofort klar: es kann überhaupt nicht *das* Bild des *leaders* geben, sondern es gibt individuelle Verkörperungen dessen, was Führungsqualität ausmacht. Führung übernehmen kann nur der glaubwürdig, - und andere lassen sich durch diesen führen - bei

---

[8] Vgl. Ferdinand Rohrhirsch (2002): Führen durch Persönlichkeit. Abschied von der Führungstechnik, Wiesbaden: Gabler.

dem natürliche Autorität spürbar ist. Autorität hat man noch nicht, wenn man sich autoritär aufführt. Autorität kann sich allerdings da ausbilden, wo sich der, der Führung beansprucht, sich als erster unter die Ansprüche der Sache stellt, für die er Führung in Anspruch nimmt. Der Führende ist der erste Geführte. Nur da, wo Person und Inhalt in hohem Maße übereinstimmen, wo einer durch sein eigenes Tun bezeugt, dass es ihm um die Sache geht, nicht um die Macht über andere, ist es für die anderen überhaupt möglich Führung bzw. geführt zu werden nicht mit Selbstaufgabe d.h. Autonomieverlust zu identifizieren.

Eine Führungspersönlichkeit braucht nicht notwendig auf dem Regal 100 Tipps zur Konfliktbewältigung, eine Führungspersönlichkeit braucht notwendig den Mut zu sagen, ‚ich bin mit Ihrer Leistung nicht zufrieden', wie auch zu sagen: ‚ich habe mich geirrt'. Beides ist schwer, aber wer hat je behauptet, dass Führung leicht sei.

Führung hat etwas mit Bildung zu tun. Mit ‚Bildung' sind nicht bestimmte Schulabschlüsse oder besondere soziale Niveaus gemeint. Gebildet ist man nie, man strebt sie an. Den möchte ich als gebildet bezeichnen, der immer wieder neu das „gute Leben" wagt, angesichts der Sicherheit des je eigenen Todes. Zu diesem Bildungsprozess gehört wesentlich Selbsterkenntnis und Selbstannahme. Letztlich vermag nur der beständig und erfolgreich Führungsarbeit zu geben, der weiß was er kann und der sich angenommen hat als der, der er ist. Nur wer sich in seinen Vermögen und Defiziten erkennt und annimmt, vermag andere zutreffend in ihren Fähigkeiten und Vermögen einzuschätzen und vermag sie entsprechend ihren Fähigkeiten zu fördern und zu fordern.

Führungsseminare, die führungsrelevantes Wissen und Erfahrungen durch Wildwasserfahrten, Wüstenwanderungen, in Bergwerken, Theatern oder durch Sozialpraktika herbeiführen möchten, machen sicher nichts falsch, aber langfristig gesehen halte ich sie für absolut wirkungslos. Sie bleiben ein Sonderfall, der nichts zu tun hat mit der gewöhnlichen Alltagsführung. Führungsalltag und Alltagsführung gehören zusammen. Sie bilden die zwei Seiten derselben Persönlichkeit. Eine Führungspersönlichkeit, verstanden als einer der in einem Selbstbildungsprozess steht, bildet eben nicht primär seine berufsrelevanten Führungskompetenzen aus, sondern sich selbst.

Als eines der wenigen professionellen Hilfen zur Unterstützung eines Selbstbildungsprozesses kann Coaching begriffen werden. Jemanden zu haben, von dem erwartet werden kann, dass er sagt was er denkt, ohne durch irgendwelche Nützlichkeitserwägungen beeinflusst zu sein, halte ich für wertvoll. Solche Gespräche sollten mäßig aber regelmäßig geführt werden.

Ein professioneller Coach ist dazu nicht zwingend notwendig. Ein offener und ehrlicher Freund kann dasselbe erreichen. Allerdings sollten diese Gespräche außerhalb des üblichen Kontaktrahmens stattfinden. Nicht bei der Ausübung eines gemeinsamen Hobbys, sondern mit eigenem Termin und eigener Örtlichkeit.

Geschäft und Betrieb dominieren sicherlich den werktäglichen Alltag. Das werden viele bestätigen können und sich vielleicht nichts weiter dabei denken. Der Satz bedeutet aber auch: Den Großteil der *Lebenszeit* verbringen wir mit Geschäft und Betrieb.

Erfolg im Unternehmen ist etwas Schönes und kann ein Gefühl innerer Zufriedenheit geben. Gelegentlich wird man von anderen dafür bewundert, ja sogar beneidet. Ebenso muss aber auch gesagt werden, dass geschäftlicher Erfolge nicht das Ganze des menschlichen Lebens sein kann. Dafür allein zu leben ist zu wenig. Und wenn viele noch so sehr den Eindruck hochhalten wollen, dass der ausschlaggebende Grund für ein geglücktes Leben beruflicher Erfolg sei, er gehört dazu – keine Frage – aber er ist doch nicht das Entscheidende.

Glück und erfahrbarer Lebenssinn ist etwas anderes. Es ist trivial zu sagen, aber weil es zunehmend verdeckt und verstellt wird, muss es immer wieder offengelegt und ausgesprochen werden: *Die Erfahrung von Glück und Sinn hat etwas mit anderen Menschen zu tun.* Keiner kann allein und für sich glücklich werden. Wir erreichen es – wenn überhaupt – immer nur mit anderen, oder noch schärfer formuliert, wir müssen es uns von anderen schenken lassen.

Wer je unglücklich verliebt war, der hat erfahren, was es heißt, dass der andere ein Geheimnis ist. Wir können viel tun, um uns ins rechte Licht zu setzen. Wir können viel machen, um uns optimal zu präsentieren. Wir können, je nach finanziellem Vermögen und Zeit, nahezu die gesamten Rahmenbedingungen zu unseren Gunsten gestalten. Aber an das Wollen des Gegenübers kommen wir nicht. Wir können weder Achtung noch Zuneigung, geschweige denn seine Liebe kaufen. Wir wollen sein Wollen. Aber dass „sie" mich will, kann ich nicht machen, nicht planen, nicht steuern. Was wir können ist drohen, bestechen, jemanden ökonomisch abhängig machen. Was wir bekommen sind Handlungen und Verhaltensweisen, die zwar so aussehen wie Handlungen die durch freien Willen, Achtung usw. geschehen, aber das Wollen der Person, die eigentliche Triebfeder ihrer Motivation, bekommen wir dadurch nicht. Das wissen wir.

All das hat immer noch einen entscheidenden Bezug zur Führungsthematik. Die Anerkennung durch andere Personen – die alles fundierende Bedingung für Motivation – lässt sich weder durch Weisungsbefugnis, noch durch Tricks noch durch Gehalt erzwingen, machen oder kaufen. Der andere muss es spüren, dass Sie es ‚gut' mit ihm meinen. Er muss als Person geachtet werden und erst dann kann auf die Achtung und Motivationsbereitschaft dieses Mitarbeiters begründet vertraut und gehofft werden. Und vieles kann tatsächlich dafür getan werden, dass im Arbeitsumfeld die Möglichkeit des Aufbaus dieser Atmosphäre gefördert wird. Herstellen aber, oder durch Psychotricks machen lässt sie sich nicht.

Die Achtung und Fairness gegenüber dem Mitarbeiter und eine damit verbundene gezielte Stärkenförderung ist der alles fundierende Grund für eine hohe Motivationsbereitschaft. Das Problem ist nur, wenn Sie so vorgehen, sind Sie mit Ihrer Person in der Sache. Und da, wo Personen mit Personen umgehen, geht nichts mehr wie von selbst und schon gar nichts automatisch. Bei und in Personenbeziehungen wird man nie fertig. Man wird ihnen nie ‚Herr' werden, weil Führung nichts mit Herrschaft zu tun hat. Wer in Personenbeziehungen siegen will, der hat lange schon verloren. Nie wird ein Zeitpunkt eintreten, an dem ich nun endlich weiß, wie der ‚Hase läuft', weil es eben keine Hasen sind, sondern Personen. Wer andere wie Automaten behandelt, muss sich nicht wundern, wenn er Automatenleistung bekommt.

Führung ist immer mit dem Einsatz der eigenen Person verbunden. Führung benötigt ein großes Maß an Geduld und die Bereitschaft zu Erfahrungen, die weder angenehm noch schön sind. Und selbst der volle Einsatz der eigenen Person garantiert noch keinen Erfolg; allerdings ist ohne Einsatz der eigenen Person Misserfolg garantiert.

Keiner wird über Nacht zur Führungspersönlichkeit. Und selbst die perfekte Führungspersönlichkeit vermag nicht das Gelingen zu lernen. Was durch sie jedoch ermöglich wird ist, dass der ‚Raum', in dem sich dieses Gelingen einstellen kann, geschaffen und vergrößert wird. Es führt kein Weg daran vorbei: Meisterschaft braucht Zeit. Entscheidendes geht nicht von heute auf morgen und so besehen bleibt es eine bedenkenswerte Selbstverständlichkeit, dass in aller Regel die Meister älter sind als ihre Gesellen und Lehrlinge.

Führung ist nicht Persönlichkeitsentwicklung, sondern die Anpassung des Mitarbeiters an den Arbeitsplatz
Peter Maas

1. Die Funktion von Führung

Ich werde im Rahmen meiner Tätigkeit als Führungstrainer oft gefragt, was die eigentliche Funktion von Führung in einem Unternehmen / in einer Organisation ist. Oft geistern nämlich Aussagen wie „Führung ist motivieren", „Führen heißt Mitarbeiterzufriedenheit schaffen" oder gar „Führung dient der Persönlichkeitsentwicklung der Beschäftigten" durch die Landschaft. Aus meiner Sicht trifft dies alles nicht nur die wahre Bedeutung von Führung nicht ganz, es trifft voll daneben. Aus Arbeitgebersicht (und nur die ist interessant, denn der Arbeitgeber bezahlt die Führungskraft) ist nur von Interesse, wie gut der Mitarbeiter seine Arbeit erledigt und wie dauerhaft er diese Leistung erbringt. Erbringt der Mitarbeiter diese Leistung nicht (z.B. auf Grund von mangelnder Qualifikation oder wegen mangelnder Motivation), dann tritt die Führungskraft auf, um diesem Missstand (auch „Minderleistung" genannt) abzuhelfen. Wird andererseits diese Leistung erbracht, dann liegt die Aufgabe der Führungskraft darin, diesen aus Arbeitgebersicht guten Zustand möglichst lange aufrecht zu erhalten. Daher ergibt sich für mich klar die Aussage: „Führung dient der Anpassung des Mitarbeiters an die Anforderungen des Arbeitsplatzes".

Wie nun sieht eine Führung, die diesen Ansprüchen genügen kann, aus? Es gibt viele Modelle, die immer wieder in Seminaren besprochen werden: kooperative Führung, aktivierende Führung etc. Diese Modelle sind sicherlich aus historischer Sicht interessant und sie bilden auch eine gute Basis, aber die aktuellste und praktikabelste, wahrscheinlich aber auch schwierigste Vorgehensweise findet sich meines Erachtens in der „situativen Führung". Situative Führung hat den Anspruch, Arbeitsplatz und Mitarbeiter zusammen zu bringen, ohne dabei die Eigenarten des jeweiligen Menschen außer Acht zu lassen.

Ich möchte im Folgenden die Grundlagen, auf der situative Führung aufbaut, kurz darstellen.

2. Das Typenmodell von Hersey & Blanchard

Aufgebaut ist das Prinzip der situativen Führung auf dem Typenmodell von Hersey & Blanchard, das ich daher an dieser Stelle kurz vorstellen möchte.

MitarbeiterInnen in einem Unternehmen müssen laut Hersey & Blanchard zwei wichtige Eigenschaften mitbringen, die im Prinzip voneinander unabhängig sind: Qualifikation (Können) und Motivation (Wollen). Hersey & Blanchard unterscheiden dabei sowohl im Bereich der Motivation als auch im Bereich der Qualifikation zwischen Hoch-Motiviert (-Qualifiziert) einerseits und Gering-Motiviert (-Qualifiziert) andererseits:

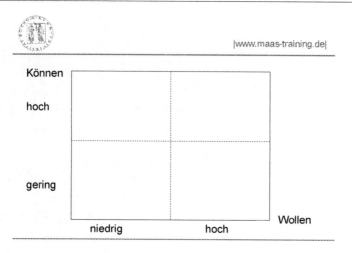

|www.maas-training.de|

Abbildung 1

Gehen wir zunächst auf den Bereich der Qualifikation näher ein: Als hochqualifizierter Mitarbeiter gilt nach Hersey & Blanchard derjenige, dessen Können zumindest den Mindestanforderungen der von ihm besetzten beruflichen Position entspricht. Diese Mindestanforderungen werden in der Regel bei der Personalauswahl im Anforderungsprofil festgelegt. Entspricht die Qualifikation (besser: das Können) eines Mitarbeiters diesen Mindestanforderungen nicht, dann wird er als geringqualifizierter Mitarbeiter bezeichnet. Es ist selbstverständlich, dass sich in der Gruppe der gering-qualifizierten MitarbeiterInnen solche befinden, deren Qualifikationen gerade eben nicht ausreichen, aber auch solche, deren Qualifikationen überhaupt nicht der besetzten Position genügen. Im Feld der hoch-qualifizierten MitarbeiterInnen haben wir dann natürlich Menschen, deren Qualifikation gerade eben ausreicht, aber auch solche, deren Qualifikationen weit über den Anforderungen der besetzten Position liegen.

Nun sollten wir uns den Bereich der Motivation näher anschauen, für den dann Gleiches gilt: es gibt hoch-motivierte MitarbeiterInnen, die zumindest alles das, was sie aus Arbeitgebersicht tun sollen, machen, wenn auch möglicherweise ohne Begeisterung (eigentlich ist dies „Dienst nach Vorschrift" aber dieser Begriff wird heute in Deutschland ganz anders, nämlich negativ verwendet) und es gibt gering motivierte MitarbeiterInnen, die nicht alles tun, was sie tun sollen (möglicherweise sogar gar nichts von dem, was aus Arbeitgebersicht ihre Aufgabe ist).

Hersey & Blanchard teilen nun die MitarbeiterInnen in einem Unternehmen in vier Typen auf: diese sind der Potenzialträger (Typ 1), der Leistungsträger (Typ 2), der Ausgebrannte (Typ 3) und der Vollausfall (Typ 4):

Können		
hoch	**Typ III** Ausgebrannte/r	**Typ II** LeistungsträgerIn
gering	**Typ IV** Vollausfall	**Typ I** PotenzialträgerIn
	niedrig	hoch

Wollen

Abbildung 2

Der Typ 1 (hohes Wollen, geringes Können) ist nach Hersey & Blanchard der typische Beginn einer Karriere: man kommt neu in ein Unternehmen, ist motiviert, die eigene Qualifikation zur Bewältigung einer Aufgabe ohne fremde Hilfe ist jedoch zu Anfang nicht vorhanden, da unternehmensinterne Regelungen nicht bekannt und Übung in der Praxis nicht vorhanden sind. Auch bei Übernahme einer neuen Aufgabe ist man oft wieder Typ 1. Wenn man im Laufe der Zeit die notwendige Qualifikation erwirbt (wie immer dies auch geschieht), überschreitet man die Anforderungslinie, die an die Qualifikation gesetzt wird und wird damit zum Typ 2 (hohes Können und hohes Wollen). Diese MitarbeiterInnen sind die Stützen des Unternehmens, denn sie machen (das heißt, sie arbeiten an dem, an dem sie arbeiten sollen) und sie machen es richtig.

Ich stelle in meinen Seminaren oft die Frage, was man mit den Typen 2 so macht. Die Antworten fallen meist in Richtung „fördern, pflegen, loben..." aus. Die Wirklichkeit ist oft anders: LeistungsträgerInnen werden zugeworfen mit Arbeit, sie werden (zu) stark belastet und überlasten sich oft selbst. Daher besteht die Gefahr, dass sie auf Dauer ausbrennen (was nichts weiter bedeutet, als das die Motivation mit der Zeit verloren geht, ein in der Regel langsamer Prozess, der durch schlechtes Führungsverhalten dramatisch beschleunigt werden kann). Wenn dann der Zeitpunkt erreicht ist, dass die Motivation nicht mehr ausreicht, beginnen diese Mitarbeiter, Teile ihrer Aufgaben liegen zu lassen. Sie haben dann die Mindestmotivation unterschritten und somit die Grenze zu Typ 3 (hohe Qualifikation, geringe Motivation) überschritten. Ein Typ 3 ist also nicht mehr ausreichend motiviert. Die Folge dieser mangelhaften Motivation ist, dass der Mitarbeiter nicht mehr die volle Leistung bringt und sich aus Teilbereichen ausklinkt. Eine weitere und dramatischere Folge ist aber auch oft, dass dieser Mitarbeiter auch nicht mehr ausreichend in die Anpassung seiner Qualifikation an die sich verändernden Anforderungen investiert. Er bleibt mithin zwar gleich qualifiziert, aber ohne Anpassungsleistung wird sein Können bald nicht mehr ausreichen, um den steigenden Anforderungen an das Können gerecht zu werden. Er ist dann zu einem Typ 4 (geringes Können und geringes Wollen) geworden. Hersey & Blanchard teilen nun in ihrem Modell jeden Mitarbeiter einem (und nur einem) dieser 4 Typen zu. Man ist also entweder Typ 1, Typ 2, Typ 3 oder Typ 4. Damit greift dieses Modell zu kurz, denn so einfach ist die Realität nicht.

3. Das Portfolio-Modell

Fragen Sie sich an dieser Stelle einmal selbst: welcher der vier Typen sind Sie? Wahrscheinlich werden Sie jetzt sagen: kommt drauf an. Denn wir alle haben Aufgaben, die wir beherrschen, andere wiederum beherrschen wir nicht. Und es gibt Aufgaben, für die wir motiviert sind (und die wir daher erledigen), um andere mogeln wir uns herum (geringe Motivation).

Das Portfolio-Modell greift an dieser Stelle weiter: hier wird nicht der Mensch einem der vier Typen zugeordnet, sondern die Aufgaben eines Menschen, die er in seiner beruflichen Position erledigen soll, werden den Typen (nun Felder genannt) zugeordnet. Wenn Sie zum Beispiel eine Aufgabe haben, die Sie gerne machen und auch beherrschen, so ist dies eine Feld-2-Aufgabe (anders gesagt: Sie sind in dieser Aufgabe ein Leistungsträger). Eine Aufgabe, die Sie zwar beherrschen, aber nicht wollen (und bei der Sie daher mit mehr oder weniger Geschick dazu neigen, sie zu vermeiden) ist eine Feld-3-Aufgabe (oder: Sie sind in dieser Aufgabe ausgebrannt).

|www.maas-training.de|

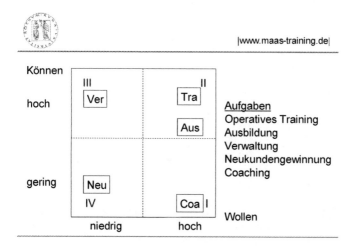

Abbildung 3

Es ist normal, dass sich die Aufgaben eines Mitarbeiters über mehrere Felder verteilen, in der Regel sogar über alle vier Felder. Dann hat dieser Mitarbeiter Aufgaben zu erledigen, die er beherrscht, andere wiederum beherrscht er nicht. Und er hat Aufgaben, die er mag, andere will er nicht (und er erledigt sie daher auch nicht, denn dies ist das Merkmal von mangelhafter Motivation). Aus Unternehmenssicht gesehen ist solch ein Mitarbeiter nicht perfekt an den Arbeitsplatz angepasst, denn seine Neigungen (Motivation) und seine Eignung (Qualifikation) entsprechen nicht vollständig der Position, die er besetzt.

4. Die Aufgabe von Führung

Bei Aufgaben, die sich in den Feldern 1, 3 und 4 befinden, ist der Mitarbeiter nicht optimal an die Anforderungen der besetzten Position angepasst. Welche Möglichkeiten ergeben sich nun für die Führungskraft eben dieses Mitarbeiters?

Variante 1: die Führungskraft nimmt dem Mitarbeiter alle jene Aufgaben weg, die sich nicht in Feld 2 befinden. Damit passt die Führungskraft den Arbeitsplatz an den Mitarbeiter an:

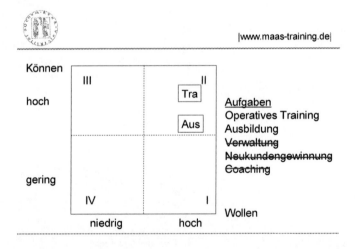

Abbildung 4

Variante 2: die Führungskraft qualifiziert den Mitarbeiter bei den Aufgaben in Feld 1, sie motiviert den Mitarbeiter bei den Aufgaben in Feld 3, sie motiviert und qualifiziert den Mitarbeiter bei den Aufgaben in Feld 4. Somit überführt sie alle Aufgaben in das Feld 2. Damit passt die Führungskraft den Mitarbeiter an den Arbeitsplatz an:

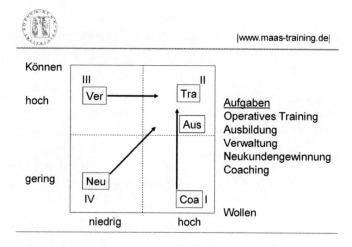

Abbildung 5

Variante 3: in einer Kombination der Varianten 1 und 2 passt die Führungskraft den Mitarbeiter nur in den Aufgaben, in denen sie eine Möglichkeit sieht, an den Arbeitsplatz an, in den Aufgaben allerdings, wo ihr der Aufwand zu groß erscheint, werden diese Aufgaben dem Mitarbeiter entzogen.

Meines Erachtens wäre die Variante 1 die am wenigsten aufwendige. Sie ist aber – vor allem wegen der scheinbar großen Anfangshindernisse – in der Regel nicht der übliche Weg. Daher bleiben einer Führungskraft als übliche Taktik nur die Varianten 2 oder 3, also eine (teilweise) Anpassung des Mitarbeiters an den Arbeitsplatz.

In Modell der situativen Führung (Stufe 1) wird das Vorgehen einer Führungskraft beschrieben, wie man MitarbeiterInnen ohne negative Sanktionen dazu bringt, in ihren Aufgaben Leistungsträger zu werden. In der Eskalation (Stufe 2) wird beschrieben, wie eine Führungskraft vorzugehen hat, wenn die situative Führung (Stufe 1) scheitert. Auch die notwendigen Rahmenbedingungen für Stufe 2 werden geklärt. Im Notausstieg (Stufe 3) schließlich wird dargelegt, wie man vorgehen kann, wenn auch die Eskalation gescheitert ist.

Führen oder
Was wir von Gänsen und Open Space lernen können
Katrina Petri

Wir leben in einer Gegend, in der Gänse sehr häufig sind. Wir sehen, wie sie im Frühling kommen und sich im Herbst wieder auf die Reise machen. Ihre Migration ist eine wundersame Angelegenheit.

Gänse organisieren sich durch Interdependenz:

Jeder Vogel produziert Auftrieb für den nachfolgenden Vogel durch jeden Flügelschlag: Durch das Fliegen in V-Formation produziert der ganze Schwarm 70% mehr Flughöhe als wenn jeder Vogel allein fliegen würde.

Auch Menschen, die eine gemeinsame Richtung und ein Gefühl von Gemeinschaft haben, gelangen überall hin schneller und einfacher, denn sie können sich aufeinander verlassen.

Wenn eine Gans aus der Formation heraus fällt, fühlt sie plötzlich den Widerstand und die Schwierigkeit, allein zu fliegen. Sie geht sofort zurück in Formation, um wieder den Auftrieb des Vogels direkt vor ihr zu nutzen.

Auch für uns macht es Sinn, wenn wir in Formation mit denen bleiben, die bereits dahin unterwegs sind, wo wir hinwollen.

Wenn die Gans in Führung müde wird, rotiert sie zurück in Formation und eine andere Gans übernimmt die Position an der Spitze.

Könnten wir uns nicht auch abwechseln bei harter Arbeit und die Führung teilen?

Die Gänse in Formation schreien von hinten, um diejenigen weiter vorne zu ermutigen, die Geschwindigkeit zu halten.

Auch wir sollten darauf achten, dass unser Geschrei ermutigend ist, nicht etwas ganz anderes weniger sinnvolles...

Wenn eine Gans krank, verwundet, oder abgeschossen wird, gehen zwei Gänse aus der Formation mit hinunter, um ihr zu helfen und um sie zu schützen.

Wenn wir so klug sind wie die Gänse, halten wir auch zueinander und unterstützen uns gegenseitig.

Diese Parabel wird in USA und England seit Jahren von Hand zu Hand gegeben, niemand weiß mehr, wer den Anfang gemacht hat, sie aufzuschreiben und zu verteilen, und wo sie nun überall angekommen ist.

1. Evolution im Unternehmen
1.2 Macht – Führung – Sinn?

Nicht nur die Geschäftsleitung und die obere Führungsebene tragen die Verantwortung zur Veränderung von Organisationen. Veränderung kann nicht mehr von oben nach unten mit Macht durchgesetzt werden, noch von unten nach oben mit Anspruchshaltung eingefordert werden:

Wir alle stehen in der Verantwortung, die oft düsfunktionale sinnentleerte Dynamik vieler sich selbst häufig als effizient, progressiv und hochdynamisch bezeichnenden Organisationen zu transformieren in sinnstiftende, wandlungsfähige und entwicklungsfähige Systeme.

Die Herausforderung des Unternehmens der Zukunft ist es, eine Kultur zu schaffen, die als fruchtbarer Nährboden dient für eine radikale Veränderung der Glaubenssysteme, der Werte und Visionen, und der Verhaltensmuster eines Unternehmens: Das Unternehmen muss lernfähig und adaptationsfähig sein, ja mehr noch, es muss evolutionär sein, wenn es darum geht, wettbewerbsfähig zu sein durch Kreativität und Innovationssprünge.

Die Voraussetzung für diesen tief greifenden Wandlungsprozess ist ein „Feld", das eine derartige Transformation zulässt, ein Feld, das die tiefen Quellen von Kreativität und Produktivität aller Mitarbeiter hervorbringt und nutzbar macht.

Damit entsteht eine Kultur des Unternehmens, die dessen gesellschaftlicher Aufgabe gerecht werden kann: Vorbild zu sein für soziale und ökologische Verantwortung nach außen, das Ermöglichen von persönlicher Entwicklung und Erfüllung aller Beteiligten nach innen. Dabei geht es nicht darum, immer genauere Unternehmensziele zu formulieren in einer prinzipiell nicht vorherbestimmbaren Zukunft, sondern in der Gegenwart Prozesse in Gang zu setzen, die eine Einstellung des Unternehmens auf die unterschiedlichsten und überraschendsten inneren und äußeren Entwicklungen ermöglichen: Sinn-voll Führen.

2. Führung im Open Space

Mit „Open Space Technology" steht uns eine Methode zur Verfügung, mit der wir eine solche kulturelle Veränderungen auf breiter Basis im ganzen Unternehmen initiieren können. Open Space Technology ist ein Großgruppen-Verfahren, bei welchem innerhalb eines einfachen Rahmens die Agenda von allen Teilnehmern gemeinsam am Anfang der mehrtägigen Veranstaltung gebildet wird: Jeder Teilnehmer hat die Gelegenheit, ein Thema mit Kollegen in Fokusgruppen zu bearbeiten, das ihm wirklich am

Herzen liegt. Das führt zum Austausch und zur Vernetzung vieler Menschen in immer wieder wechselnden Gruppen, zur Selbstverantwortung und zu Gemeinschaftsgefühl.

Eine Open Space Veranstaltung kann hier als Mikrokosmos oder als Übungsfeld eines solchen gemeinsamen Prozesses dienen, der auf Selbstorganisation und Selbstverantwortung aufbaut und der getragen wird von dem „Gemeinsamen Sinn" („Common Ground").

Open Space ist ein co-evolutionärer Prozess, in dem jeder Teilnehmer potenziell Führer, Beteiligter und Mitgestalter einer Kulturentwicklung im Hier und Jetzt, in der Gegenwart, ist. Dieser Prozess ist den Abläufen lebender, offener komplexer Systeme wie einem Vogelschwarm, recht ähnlich.

Open Space kann völlig neue unerwartete Ergebnisse hervorbringen: Innovationssprünge. In einem lebenden komplexen System sprechen wir von „Emergenz". Die Voraussetzungen dazu sind: Selbstorganisation, die Vorgabe von nur wenigen Regeln, Offenheit, die Freiheit, Entscheidungen zu treffen, und Selbstverantwortung der Teilnehmenden.

Wir haben ein wenig Einblick in die Führungsaufgabe bei Gänsen erhalten, aber wie steht's mit der Führung im Open Space Prozess? Gibt es die überhaupt? Man sieht sie nicht, man hört sie nicht, man fühlt sie nicht.... Irgendwo ist sie, irgendwo zwischen Hierarchie und.....

In Open Space wird Führung neu formuliert:

Führung ist nicht linear, sondern wechselt je nach innerem und äußerem Kontext und ist damit im System verteilt.

Das bedeutet, sie kann potentiell überall zu jedem Zeitpunkt auftauchen, wie beispielsweise in den Fokusgruppen, die parallel laufen: Hier wird spontan vom Themengeber Führung übernommen, manchmal auch von anderen Teilnehmern. Jeder kann also Führer und Geführter sein und diese Rollen auch häufig wechseln. Hier kann Führung auch sehr unterschiedlich praktiziert werden: Da gibt es Gruppen, die sehr strukturiert moderiert werden, vielleicht sogar autoritär, in anderen wiederum wird das zentrale Thema in Dialogform erarbeitet, d.h. niemand führt den Gedankenaustausch.

Im Beispiel unserer Parabel von den Gänsen wird ebenfalls deutlich, dass immer diejenige Gans führt, die sich kräftig fühlt und die sich an einem geeigneten Platz im Schwarm befindet. Bei Müdigkeit wird auch sie wieder spontan abgelöst.

Führung lässt Selbstorganisation zu und steht dem natürlichen evolutionären Prozess nicht im Wege.

Innerhalb einfacher Rahmenbedingungen organisieren sich die Teilnehmenden ständig selbst, das heißt, es ist nicht vorhersehbar, wer sich zu welchem Zeitpunkt mit welchem Thema an welchem Ort befindet. Es lässt sich dagegen mit großer Wahrscheinlichkeit sagen, dass über einen bestimmten Zeitraum hinweg die meisten Teilnehmer sich mit den ihnen am wichtigsten Themen mit ihren Kollegen unterhalten, mit denen sie das gerne wollen.

Es kann niemand vorhersagen, zu welchem Zeitpunkt welche Gans an welchem Ort im Schwarm mitfliegt. Es gibt auch hier keine eingeengten ganz klaren Rollenbeschreibungen wie beispielsweise bei der Aufstellung einer Fußballmannschaft. Vorhersagbar ist jedoch, wo sich der Schwarm als Ganzes etwa zu welchem Zeitpunkt befinden wird (im Frühling hier, im Herbst da, und dazwischen an oft recht bestimmten Orten unterwegs).

Führung hat eine klare Ausrichtung.

Die Ein-Führung durch den Moderator und das Rahmenthema dienen in einer Open Space Konferenz als Richtungsweiser. Damit ist für die Gruppe klar, auf welches Ziel sich das ganze Ereignis mit allen Teilnehmern ausrichtet. Je besser das Thema die wirklichen aktuellen Bedürfnisse der Einzelnen sowie des Unternehmens als Ganzes abbildet, desto klarer kann sich der Einzelne ausrichten. Das bedeutet somit auch, dass jeder, falls er Führung übernimmt, weiß, wohin die Reise geht.

Welche Gans auch immer an der Spitze des Schwarms fliegt, führt offenbar in genau die richtige Richtung. Das Wissen über die richtige Richtung bzw. das Ziel ist immanent im Schwarm vorhanden, wie die Kommunikation der einzelnen Individuen auch immer funktionieren mag.

Führung ist werteorientiert. Führung ist Sinn-voll.

Die Kultur von Open Space wird bestimmt durch nur ein paar Regeln, die sinnvoll sind und für bestimmte Werte stehen bzw. diese kreieren: Selbstverantwortung, Respekt, Kommunikation und Vernetzung, Authentizität.

Das „Gesetz der Zwei Füße" steht für Freiheit, Selbstbestimmung und Selbstverantwortung. Auch garantiert dieses Gesetz den Wert des effizienten Einsatzes von Energie und die Freude an der Arbeit, indem jeder Teilnehmer zu jedem Zeitpunkt die Gruppe und das Thema wählen kann, bei dem er am meisten lernt und am meisten zum Ganzen beitragen kann.

Die weiteren vier Regeln sind die Regeln des „Go with the flow" und garantieren den respektvollen Umgang mit den Wünschen und dem Verhalten anderer und mit dem Lauf der Dinge durch Selbstorganisation innerhalb eines bestimmten Rahmens.

Widerstand gegen andere oder den Prozess wird durch das einfache Regelwerk relativ gering gehalten und ein hoher Grad an Kommunikation und Vernetzung der

Teilnehmer, Offenheit und Ehrlichkeit des Austausches gefördert, denn..... „man kann ja immer woanders hin gehen".

Und unsere Gänse? Die haben ebenfalls die Freiheit, anders als der Schwarm zu fliegen. Allerdings wird es beim Alleinflug schwieriger, sie wissen die gegenseitige Flug-Erleichterung, den Auftrieb, und die gegenseitige Unterstützung wohl zu schätzen, um ihr individuelles und gemeinsames Ziel mit möglichst wenig Aufwand zu erreichen.

3. Führung im Unternehmen mit Zukunft

Wenn Open Space als Mikrokosmos von Kulturveränderung im System dienen kann, müssen sich die Werte und das Gelernte auf den Unternehmensalltag übertragen lassen.

Bei der Open Space - Jahresversammlung einer führenden internationalen Unternehmensberatungsfirma entstanden für die Geschäftsleitung völlig überraschende Themen, eingebracht von Teilnehmern der unterschiedlichsten hierarchischen Stufen und Bereiche. Damit wurden mentale Modelle umgeschrieben, z.b. das Denkmodell, dass eine derartige Veränderung von oben nach unten oder umgekehrt gehen muss.
Die emergierenden neuen Themen hatten eine neue werteorientierte Ausrichtung , die danach die Ausrichtung der Firma mitbestimmten. Neu war auch, dass die Verantwortung für die jeweiligen Veränderungsinitiativen bei dem Initiator des Themas bzw. der neu entstandenen Fokusgruppe liegt. Es wurden also auch von Nicht-Führungskräften neue Führungsaufgaben übernommen.

Eine solche Übertragung des im Übungsfeld Open Space Gelernten und der kulturellen Werte auf den Unternehmensalltag ist in gewissem Umfang möglich, allerdings ist ein Unternehmen ein noch wesentlich komplexeres System. Ein neues Führungs-Paradigma kann und muss zur Steigerung der Effizienz und Motivation der Mitarbeiter daher häufig sogar neben den gewohnten Konzepten praktiziert werden.

Führung kann hier ebenso im System verteilt sein. Zum Beispiel bei der Projektstruktur einer Organisation kann es zu häufigem Wechsel der Führungsaufgaben und Personen kommen.

Selbstorganisation lässt sich in vielen Bereichen und Projekten umsetzen, selbstverantwortliche Mitarbeiter sind motiviert.

Eine klare von möglichst allen geteilte Vision eines Unternehmens gibt den Mitarbeitern eine klare Ausrichtung.

Die Identifikation mit Sinn-vollen Werten in der Kultur eines Unternehmens gibt den Mitarbeitern den Raum zur Entfaltung und Nutzung ihres Potentials zum Nutzen des Ganzen.

Ein Unternehmen, das eine solche Lernkultur und Werteorientierung hat, das den Einzelnen in seiner Entwicklungsfähigkeit und seinem Willen ernst nimmt, zum Gelingen des Ganzen beizutragen, hat hohe Erfolgschancen in einer sich schnell verändernden Umwelt: Wenn Loyalität, Freude an der Arbeit und an den Beziehungen der Kollegen untereinander und zum Kunden, Verantwortung und Mitgestaltungsmöglichkeiten im eigenen Unternehmen, hoch entwickelt sind in der Unternehmenskultur, kann sich das ganze System schnell und flexibel den immer neuen und unvorhersehbaren Herausforderungen stellen, kann stetig lernen und sich an veränderte Bedingungen adaptieren.

Die Unternehmensberatungs-Firma konnte neue erfolgreiche Produkte in Kombination mit neuen Kompetenzen anbieten, weil sie die Herausforderung angenommen hat, sich auf die Anforderungen und Wünsche ihrer hochkompetenten Mitarbeiter und Kunden neu einzustellen: strukturelle und strategische „harte Produkte" werden zunehmend mit „weicher Kompetenz" implementiert, Motivation, Loyalität und Zufriedenheit unter den Mitarbeitern sind signifikant gestiegen. Die Gans-heitliche Vorgehensweise mit Open Space hat sich positiv auf das Unternehmen ausgewirkt.

Diversity Management
Monika Rühl

1. Kontext

Die Deutsche Lufthansa Aktiengesellschaft ist ein Konzern mit ca. 420 Beteiligungen, der 2002 einen Umsatz von knapp 19 Mrd. Euro gemacht hat. Mehr als 94.000 Menschen arbeiten im Unternehmen, davon 38 Prozent im Ausland. Die Flugzeugflotte besteht aus 345 Maschinen, von denen krisenbedingt z.Zt. noch immer 66 am Boden stehen. 450 Zielorte in 110 Ländern werden von den Fluggesellschaften des Lufthansa-Konzerns angeflogen.

Die Geschäftsaktivitäten des Aviation-Konzerns gliedern sich in sechs Schwerpunkte: Passage, Logistik, Technik, Catering, Touristik und IT-Services für Luftfahrt. In der Passage liegt Lufthansa auf Platz 2 im internationalen Wettbewerb. Bei Technik, Logistik und Catering führen die jeweiligen Lufthansa-Konzerngesellschaften den Wettbewerb an. Die Touristik-Tochter „Thomas Cook" liegt in Europa auf Platz 2. Die IT-Services sind sehr speziell auf den Luftverkehr ausgerichtet und damit wenig vergleichstauglich im Hinblick auf Marktanteile.

Lufthansa gehört zu den Gründungsunternehmen der mittlerweile 16 Fluggesellschaften umfassenden Star Alliance, zu der auch United Airlines, SAS, Varig, Lot, Austrian Airlines, Air New Zealand, All Nippon Airlines, British Midland, Singapore Airlines, Thai, Tyrolean, Asiana und Spanair gehören. Die Star Alliance ist die umfassendste Luftverkehrs-Allianz der Welt. Sie bedient insgesamt über 700 Zielorte. Ziel der Allianz ist die Nutzung von Synergien, ohne firmeneigene Kapazitäten aufbauen zu müssen. Die Kunden können innerhalb des Systems nahtlos reisen, da u.a. die Flugpläne aufeinander abgestimmt sind und das Gepäck einheitlich abgefertigt und durchgecheckt wird.

2. Definition

Es gibt keine allgemeingültige Definition für Diversity. Übersetzen lässt es sich am ehesten mit „Vielfalt". Allmählich setzen sich als Definition die durch die EU-Richtlinien vorgegebenen Kriterien Alter, Geschlecht, Herkunft (national, ethnisch und konfessionell), Behinderung und sexuelle Orientierung bzw. Identität durch. Neu ist das Thema sicherlich nicht. Im 18. Jahrhundert hat bereits Friedrich der Große bezogen auf die Religionsfreiheit gesagt, dass ein Jeder nach seiner Facon selig werden müsse. Die meisten Unternehmen in Deutschland haben das Thema bis heute jedoch noch nicht für sich entdeckt. Einige haben ihrer Personalpolitik zur besseren Integration von Frauen, der Gender-Diversity, den neuen Titel gegeben, ohne ihre Inhalte zu verändern. Einige wenige befinden sich im Prozess der Integration aller fünf Facetten in eine Organisationseinheit. Bei Lufthansa ist zum 1.1.01 die Abteilung „Change Management und Diversity" entstanden, die gleich von Anfang an alle fünf

Kriterien vereinte. Sie ist organisatorisch der Personalpolitik im Vorstandsressort „Aviation Services und Human Resources" zugeordnet.

Neben den oben genannten Primärkriterien gibt es viele weitere wie z.b. Bildung, soziale Herkunft, Sprache, Kultur, Hierarchie, Arbeitsstil und Lebensstil. Bei den Primärkriterien werden Unternehmen teilweise personalpolitisch aktiv, während sie bei den sekundären oft erst bei Vorliegen von Diskriminierungen reagieren.

3. Business Case

Bei der Frage, warum es für ein Unternehmen – kleine, mittlere und große gleichermaßen – oder eine Organisation sinnvoll ist, sich mit Diversity auseinander zu setzen, sind, neben ethischen Aspekten, vier Faktoren ausschlaggebend: Demografie, zunehmende Individualisierung, voranschreitende Globalisierung und die Heterogenität des Marktes. Hinzu kommen die Vorgaben aus Brüssel. Im einzelnen:

3.1 Demografie

Der demografische Wandel zeichnet sich durch zwei Tendenzen aus: Durch die Abnahme der Bevölkerung, die an der geringen Geburtenrate[1] und der höheren Sterberate als Geburtenrate liegt, einerseits, und an der Veralterung der Gesellschaft auf Grund höherer Lebenserwartung und wiederum der geringen Geburtenrate. Gab es 1910 noch eine Pyramidenform der Bevölkerung mit einem breiten Sockel an Kindern und Jugendlichen und nur wenigen sehr alten Menschen, so hat sich diese bereits zum Ende des Jahrtausends fast in eine Säule verwandelt und wird bis 2050 – bei konstanten Bedingungen – eine auf dem Kopf stehende Pyramide sein, bei der es zudem immer mehr über 100-Jährige gibt.

Für die Arbeitspopulation in den Unternehmen und Organisationen bedeutet dies, dass sich die Schere zwischen unter 30-Jährigen und über 50-Jährigen in den nächsten Jahren dahingehend verändert, dass die Älteren die Mehrheit bilden werden. Dies stellt Arbeitgeber vor völlig neue Herausforderungen in ihrer Personalpolitik.

3.2 Zunehmende Individualisierung

Der Megatrend der Individualisierung hat seine Spitze noch nicht erreicht. Menschen möchten nicht als Teil einer bestimmten Gruppe, sondern als Individuen wahrgenommen werden. Dies gilt für Arbeitsbeziehungen in gleichem Maße wie für Kunden-Lieferanten-Beziehungen. In der Produktion wird diesem Wunsch in vielen Branchen entsprochen: In der Automobilindustrie kann je nach Preislage des begehrten Objektes aus einer Fülle von Variationsmöglichkeiten beinahe ein individuelles Auto zusammengestellt werden. Andere Industrien ziehen nach. Im Dienstleistungsbereich

---

[1] 2,0 nur in den USA und Irland, 1,8 in Frankreich, 1,7 in den Ländern, in denen die Bedingungen für Arbeit und Familie günstig sind, sonst deutlich unter 1,5 bis 1,1. Deutschland liegt seit knapp 30 Jahren bei 1,3 Kindern pro Frau.

ist es besonders wichtig, den Menschen in seiner Individualität und mit seinen Sonderwünschen wahrzunehmen.

Vorausschauende Unternehmen und Organisationen betreiben deshalb eine Personalpolitik, die dem Rechnung trägt. Das Wertschätzungsmanagement erfährt dort seine Grenzen, wo die anderer Individuen beginnen und wo der Transfer schieflastig wird.

Mit zunehmender Erwerbsbeteiligung der an späterer Stelle noch ausführlicher beschriebenen „Generation X" und der „Nexters", die viel stärkere Individualisten sind als ihre beiden Vorgängergenerationen, die „Veteranen" und die „Baby Boomer", werden Wünsche und Forderungen an Unternehmen adressiert, die teilweise sogar in anderen Arbeitsorganisationen münden können.

3.3 Voranschreitende Globalisierung

Man kann zu Globalisierung stehen, wie man möchte. Sie bleibt auf jeden Fall eine Tatsache, mit der jeder Mensch Berührung hat. Sie führt in den alten Industrienationen zu massiven Veränderungen. Für Mitarbeitende eines Unternehmens oder einer Organisation bedeutet dies höhere Anforderungen an interkulturelle Kompetenz, da immer mehr Berufsgruppen international arbeiten müssen. Die Arbeitsstrukturen werden zunehmend virtuell, die Teams ebenso. Sie sind auf jeden Fall über den Globus verteilt, da die Kompetenzen ebenfalls global verteilt sind.

Bei Lufthansa sind durch die Star Alliance neben den Frontbereichen immer mehr Back Office-Bereiche betroffen, da die Integration und die Nutzung von Synergien voranschreiten.

Ein Negativtreiber für Diversity, allerdings von hoher Brisanz, ist die Zunahme des Einflusses von sogenannten „Pressure Groups" wie Attac oder Greenpeace auf die Art des Erstellens von Produkten oder Dienstleistungen. Dies gilt nicht nur für Ökologie, sondern eben auch für Soziales, also die Art des Umgangs mit Mitarbeitenden und Minderheiten. Eine Reihe von Nachhaltigkeitsindizes nehmen z.b. nur ethisch korrekt agierende, börsennotierte Unternehmen auf.

3.4 Heterogenität der Märkte

Die Märkte fast aller Unternehmen sind heterogen. Mit homogenen Mitarbeiterstrukturen dürfte es kaum einem Unternehmen gelingen, die Bedürfnisse seiner Kunden zu befriedigen. Heterogene, vielfältige Strukturen sind das Gebot der Stunde.

Ein weiteres wichtiges Moment – zumindest für Lufthansa – ist die Fremdenfeindlichkeit. Auch wenn dies ein internationales Phänomen ist, so kann sich ganz besonders Deutschland wegen seiner Geschichte keinen Ruf als fremdenfeindliches Land leisten. Lufthansa als Im- und Exporteurin von Internationalität lebt davon, dass Menschen anderer kultureller Hintergründe nach Deutschland, und in Deutschland Lebende ins Ausland reisen.

Weitere ökonomische Leistungsziele sind in Wachstumsphasen der Kampf um die Talente, das Image, das ein Unternehmen oder eine Organisation am externen Arbeitsmarkt besitzt und die durch die Vielfalt bereits erprobte Systemflexibilität, die bei sich schnell ändernden externen Bedingungen Wettbewerbsvorteile bedeuten kann. Im Hinblick auf Innovationen im Unternehmen garantiert die Heterogenität Kreativität, nicht die Homogenität. Da sich nur diejenigen Unternehmen Wettbewerbsvorteile erarbeiten, die am schnellsten mit einem Produkt oder einer Dienstleistung am Markt sind, sind es die innovativen, die die Nase vorn haben. Diversity hilft, die Kreativität freizusetzen, allerdings nur, wenn die Vielfalt als Chance und nicht als Störung empfunden wird.

3.5 EU-Antidiskriminierungsrichtlinien

Drei EU-Richtlinien sind als Vorgabe zur Vermeidung von Diskriminierung relevant: 43/2000, die bis zum 19.7.03 in nationales Recht umgesetzt sein sollte; 78/2000, die bis zum 2.12.03 in nationales Recht umgesetzt sein sollte; und 47/2002, deren Umsetzungsfrist noch nicht abgelaufen ist. Alle Richtlinien beinhalten den Anscheinsbeweis und drehen die Beweislast zugunsten der Behaupter um, wenn sie ihr Interesse glaubhaft machen können und ein entsprechender Anschein erkennbar ist. Diskriminierung wird definiert als unmittelbare, mittelbare, strukturelle Diskriminierung und schließt die Aufforderung zur Diskriminierung mit ein.

Die erstgenannte Richtlinie bezieht sich auf Zugang zu Produkten und Dienstleistungen. Sie untersagt Diskriminierungen aufgrund der Nationalität, ethnischer Zugehörigkeit, Religion, Alter, Geschlecht, Behinderung und sexueller Orientierung. Die zweitgenannte Richtlinie regelt Arbeitsbeziehungen und untersagt Diskriminierungen innerhalb der gleichen Zielgruppe, lässt jedoch Ausnahmen, die begründet sind, zu. Dazu gehören Einschränkungen wegen eines Mindestalters (z.B. für LKW-Fahrer oder Obergrenzen für Piloten). Die neuere Richtlinie bezieht sich nur auf die Gender-Themen und ergänzt die bereits länger vorhandenen Richtlinien für diese Zielgruppe.

In deutschen Gesetzten, allen voran Artikel 3 des Grundgesetzes, findet sich eine ganze Reihe von Vorschriften, die für die Diversity-Politik relevant sind: Im SGB IX, im BGB, das Lebenspartnerschaftsgesetz, das Beschäftigtenschutzgesetz, im BetrVG und in weiteren.

Auch wenn Gesetze und Verordnungen die Spielräume für Gestaltung massiv einengen, so sind sie verbindlich und nicht disponierbar.

4. Status quo bei Lufthansa
4.1 Alter
Wie eingangs beschrieben, arbeiten ca. 94.000 Menschen bei Lufthansa. Bezogen auf das Kriterium „Alter" ergeben sich folgende Kennzahlen: Der Durchschnitt der Mit-

arbeitenden ist 38,7 Jahre alt, Männer durchschnittlich 39,9, Frauen 37,0 Jahre alt. 14,8 Prozent aller Mitarbeitenden sind älter als 50 Jahre. Über einen Zeitraum von 10 Jahren schwankt der Durchschnitt um 2 Jahre zwischen 37 und 39 Jahren. Die Altersverteilung ist nach Gauß normal: Wegen der hohen Einstiegsvoraussetzungen (oft Abitur) gibt es wenige, die jünger als 18 Jahre alt sind. Es gibt jedoch noch eine Reihe von Menschen (2 Prozent aller), die sogar älter als 60 Jahre sind.

4.2 Herkunft

Menschen aus 150 Nationen arbeiten weltweit bei Lufthansa. In Deutschland sind 130 Nationen vertreten. Die Internationalisierung des Unternehmens ist seit jeher ein wichtiger Faktor, um die Bedürfnisse der internationalen Kunden zu treffen. Seit 1998 hat sie jedoch stark zugenommen, so dass heute 38 Prozent aller Mitarbeitenden im Ausland arbeiten. In Deutschland sind dadurch keine Arbeitsplätze entfallen, das Wachstum des Konzerns hat im wesentlichen im Ausland stattgefunden. 13, 5 Prozent aller Mitarbeitenden in Deutschland haben keinen deutschen Pass. Dieser Anteil liegt seit zehn Jahren zwischen 13,5 und 15,5, Prozent. Viele Mitarbeitenden haben einen Migrationshintergrund, aber einen deutschen Pass, so dass sie statistisch nicht erfasst werden, ebenso wenig wie diejenigen, die zwei Pässe besitzen. Von den in Deutschland Beschäftigten haben 51.000 einen deutschen Pass. Die stärkste Nation nach den Deutschen sind die Türken (ca. 1.000 Mitarbeitende), Österreicher (knapp 1.000 Mitarbeitende), Italiener (ca. 900 Mitarbeitende). Von den Führungskräften haben 6,3 Prozent keinen deutschen Pass. Die US Amerikaner dominieren hier vor den Briten und Österreichern.

4.3 Geschlecht

Knapp 42 Prozent aller Mitarbeitenden sind Frauen. Es gibt innerhalb der Lufthansa zwei Führungsbegriffe: Zum einen handelt es sich um Menschen mit Personalverantwortung für andere Menschen. Hierzu gehören Meister, Kapitäne, Purser, Teamleiter, Gruppenleiter, Schichtleiter und andere. Bei dieser Gruppe liegt der Frauenanteil bei 28 Prozent. Zum anderen sind es die Manager, das heißt die leitenden Angestellten. Hier liegt der Frauenanteil bei 13,5 Prozent. Drei Prozent aller Piloten sind weiblich, 1,2 Prozent der Kapitäne und 5,6 Prozent der Copiloten. Diese Zahl klingt gering, sie ist jedoch ein großer Erfolg, da Lufthansa erst seit ca. 15 Jahren Frauen im Cockpit einstellt. In den ersten Jahren gab es zu wenig Interesse junger Frauen für diesen Beruf. Erst in den vergangenen 3 – 4 Jahren hat das Interesse deutlich zugenommen. Im operativen Bereich der Technik – also Wartung und Überholung – liegt der Frauenanteil nur bei 2,2, Prozent. Hier haben eine Fülle von Personalmarketing-Maßnahmen – einschließlich der Beteiligung am „Girls Day" - keine Änderung herbeiführen können. In den IT-Berufen und –Tätigkeiten liegt der Frauenanteil bei 32 Prozent. Und umgekehrt ist es nicht einmal ein Prozent aller Sekretariate, das von Männern verantwortet wird. Bei den Auszubildenden beträgt der Anteil der Frauen 21,3 Prozent, was unter anderem daran liegt, dass die meisten Ausbildungsberufe technischer Natur sind.

4.4 Behinderung

Menschen mit Behinderung machen konzern- und deutschlandweit 3,2 Prozent aller Mitarbeitenden aus. In einigen Gesellschaften liegt der Anteil deutlich über der Pflichtquote von 5 Prozent (z.b. LSG SkyChefs mit 7,9 Prozent), in anderen wird die Quote nur knapp unterschritten (Cargo, Systems und Technik), in wiederum anderen ist der Anteil weit unter 3 Prozent. Dies sind meist Konzerngesellschaften mit einem Flugbetrieb, also Lufthansa AG mit dem Passage-Geschäft, die CityLine mit fast ausschließlich nur Bordpersonal, die Condor und andere. Deutschland ist das einzige Land der Welt, in dem es einerseits die gesetzliche Auflage gibt, dass das Bordpersonal nicht behindert sein darf, gleichwohl ist für diesen Personalkörper bei Unterschreitung der Sollquote eine Ausgleichsabgabe zu entrichten. Dies sind zusätzliche Kosten, die deutsche Fluggesellschaften tragen müssen, die die internationalen Wettbewerber nicht haben. Es gibt leider nicht genügend qualifizierte und geeignete Menschen mit Behinderung, die die Fluggesellschaften am Boden beschäftigen könnten.

4.5 Work-Life

Knapp 20 Prozent aller Mitarbeitenden weltweit arbeiten teilzeitig. Teilzeit ist bei Lufthansa in den 80er Jahren auf Wunsch von Frauen mit Familienpflichten eingeführt worden. Der Anteil war zunächst sehr gering (unter 2 Prozent). Erst als Teilzeit als ein personalpolitisches Tool zum Abbau von Personal und Kosten entdeckt wurde (in der Krise 1992/93), stieg der Anteil auf über 8 Prozent des gesamten Personals an. Heute liegt er bei ca. 20 Prozent, wovon 30 Prozent Männer sind. Wegen der betrieblichen Notwendigkeit – Lufthansa konnte bislang immer auf betriebsbedingte Kündigungen verzichten – wird auch bei hoch qualifizierten Berufen Teilzeit vergeben, wenn es irgendwie betrieblich machbar ist. Andere Arbeitszeit-Flexibilisierungen, die es wegen der Natur des Geschäfts bereits seit Anbeginn gibt, erleichtern die Balance zwischen Arbeit und Privatleben.

5. Ziele

Diversity kann vom Grundsatz her zwei diametral entgegen gesetzte Ziele verfolgen: einmal die Betonung des Besonderen, also die Abweichung von der Majorität, von der Mainstream-Kultur[2], und andererseits die Integration aller Mitarbeitenden, unabhängig von ihrer Beschaffenheit. Lufthansa strebt letzteres an und zwar aus verschiedenen Überlegungen. Zum einen erfordert die Anpassung an die Mainstream-Kultur einen enormen Aufwand, zum anderen Kraft, die für die eigentliche Arbeit fehlt. Also ist Diversity-Management auch immer eine Frage der Produktivität, aber nur, wenn es gleichzeitig Wertschätzungs-Management ist. Durch die Vielfalt der Menschen gibt es eine Fülle von unterschiedlichen Ideen und Problemlösungsansätzen, die den Unternehmenserfolg vergrößern, wenn sie gut gemanaged sind.

---

[2] In unseren Breitengraden meist Mann, weiß, zwischen 30 und 60 Jahren alt

Lufthansa hat sich keine quantitativen Ziele gesetzt (außer bei Menschen mit Behinderung, durch Sozialgesetzbuch IX vorgegeben), da die geschäftlichen Aktivitäten hoch dynamisch, aber leider auch sehr störanfällig sind, so dass Reagibilität und Flexibilität einen wesentlich höheren Stellenwert haben müssen.

Im Hinblick auf Diversity lautet das Gesamtziel daher die Normalisierung und die Inklusion. Da einfache Ziele bekanntlich die schwierigsten sind, kommt dem Bewusstseinswandel, das heißt dem begleitenden Change Management, eine besondere Bedeutung zu. Waren früher die Unternehmenskulturen top-down vorgegeben und wurde das Personal danach rekrutiert, so hat es sich in den Boom-Jahren, als Personal beschafft wurde, durch den bereits eingetretenen Engpass umgekehrt: Wer am besten geeignet war, bekam den Zuschlag – egal, ob er oder sie dunkelhäutig, behindert oder reifer war. Durch den Personalmix kommen andere Anforderungen an das Miteinander im Unternehmen auf die Tagesordnung. Und dadurch verdreht sich die gelebte Unternehmenskultur in einen bottom-up-Ansatz.

6. Managing Diversity

Managing Diversity bedeutet die Organisation der Heterogenität. Vielfalt an sich bedeutet ja noch keinen Wert. Sie ist auch schwieriger zu managen als homogene Teams, bei denen jeder denselben kulturellen Hintergrund besitzt, was ein fast missverständnisfreies Miteinander ermöglicht. Heterogene Teams sind sicher schwieriger zu führen und müssen ihre eigene Kultur gut verstehen und sich mit den kulturellen Eigenarten der anderen Team-Mitglieder auseinander setzen. Auch Männer und Frauen gelten als zwei verschiedene Kulturen! Sobald sich heterogene Teams organisiert haben, werden sie jedoch bessere, weil markttauglichere Resultate erzielen.

6.1 Managing von Generationen

Vor allem wegen der demografischen Situation und wegen leerer Pensionskassen, unabhängig vom Träger, wird es bereits in Kürze keine Vorruhestandsregelungen mehr geben. Aus diesem Grunde müssen Unternehmen stärker als bisher für ein missverständnisfreies und kooperatives Miteinander aller Arbeitsgenerationen sorgen. Die personalpolitischen Herausforderungen im Kontext mit „Senior Professionals" liegen bei der Modernisierung der betrieblichen Altersversorgung, einer Tarifpolitik, die die Senior Professionals nicht teurer macht als die Junior Professionals und damit im Wettbewerb um Arbeitsplätze benachteiligt. Eine verlängerte Lebensarbeitszeit, respektive Absenkung der Versorgungszusagen, stellt die Frage nach der Rolle im Unternehmen. Sicher kann ein über 60-jähriger Mensch nicht ohne weiteres dieselben operativen Belastungen physischer oder psychischer Art tragen wie ein 25-jähriger, verfügt aber über die größere Erfahrung. Deshalb stellt sich sowohl im tariflichen wie auch im außertariflichen Bereich die Frage nach der jeweiligen Rolle. Diese wird in jeder Branche anders zu beantworten sein.

Die meisten Unternehmen und Organisationen betreiben ihre Personalentwicklung nur für die Jüngeren. Wenn sich die Lebensarbeitszeit jedoch verlängert, dann muss auch deutlich jenseits der 40 noch Entwicklung stattfinden. Entwicklung, die sich auf Rotation, Qualifikation oder Vorwärtsentwicklung bezieht. Es stellt sich zudem die Frage, ob der abrupte Ausstieg aus dem Erwerbsleben dann noch zeitgemäß ist. Möglicherweise ist für viele Berufe das allmähliche Rausgleiten aus der Arbeit mit gleichzeitigem Reingleiten in die jeweilige Aufgabe durch den/die Nachfolger/in die bessere Alternative. Die gewährleistet auch die Sicherung des Erfahrungswissens der Senior Professionals. Eine längere Lebensarbeitszeit erfordert einen sorgsameren Umgang mit der Gesundheit. Gesundheitsvorsorge bleibt zwar in erster Linie eine Sache der Eigenverantwortung. Unternehmen können jedoch durch geeignete Maßnahmen flankierend tätig werden.

Bis noch vor kurzer Zeit wurden Mitarbeitende meist zu Beginn ihres Arbeitslebens angeheuert und blieben ihr Arbeitsleben lang bei dem ersten Arbeitgeber. Da die Wirtschaft jedoch im globalen Wettbewerb steht und sich Krisen und Wachstumsphasen in immer kürzeren Abständen abwechseln, ergibt sich nun eine stärkere Fluktuation in die und aus den Unternehmen. Damit wird es in Zukunft auch zu Einstellung von Senior Professionals kommen, die die heute existierende faktische Grenze von 50 Jahren bereits deutlich überschritten haben.

In Bezug auf das Miteinander der Generationen in den Unternehmen gibt es heute vier Typen von Generationen, die alle unterschiedliche Wertprägungen erfahren haben und ihr eigenes Ethos verallgemeinern. Dies führt natürlich zu Missverständnissen und verringert die Produktivität. Auch hier ist interkulturelle Kompetenz gefragt.

Die vier Typen sind die „Veteranen", die „Baby Boomer", die „Generation X" und die „Nexters", die im Folgenden kurz charakterisiert seien. Hierbei muss beachtet werden, dass dies eine sehr grobe, oberflächliche Typisierung ist, in der sich nicht alle Menschen des entsprechenden Alters wieder finden werden.

Die Veteranen sind vor 1945 geboren und zeichnen sich durch eine Priorisierung der Arbeit gegenüber dem Privatleben aus. Pflichtbewusstsein, Disziplin, Loyalität, Verlässlichkeit und starke Führungsstrukturen charakterisieren sie. Sie gelten allerdings als wenig flexibel.

Auch die Baby Boomer sind eher arbeitsorientiert. Sie sind ca. zwischen 1945 und 1965 geboren, sind aktiv, weltgestaltend, aggressiv, gute Teamentwickler, als Führungskräfte kollegial und konsensorientiert. Ihnen sind Partizipation, Fairness und Gleichberechtigung wichtig. Als Schwäche wird ihnen ihre Neigung zu Diskussionen ausgelegt.

Mit der Generation X kommt die erste Generation in die Unternehmen und Organisationen, denen Arbeit und Privatleben gleich wichtig sind und die nicht mehr bereit sind, überlange Arbeitszeiten zu erdulden. Sie sind ca. zwischen 1965 und 1980 geboren, sehr individualistisch, skeptisch, unabhängig, geeignet für virtuelle Teams, nicht unbedingt daran interessiert, Führungsverantwortung zu übernehmen und wenn sie welche übernehmen, dann nur wegen der interessanteren Aufgabe. Als Schwächen gelten ihr Mangel an sozialer Intelligenz, Mitgefühl und Diplomatie.

Die Nexters sind auch balanceorientiert, das heißt die Arbeit wird der Freizeit gegenüber nicht priorisiert. Sie sind nach 1980 geboren, gelten als konsumverwöhnt, sehr selbstbewusst, multitasking-fähig, optimistisch, sehr mobil, digital sozialisiert („homo zappiens"), sie sind offen für Veränderungen und neue Technologien. Als Schwächen werden ihnen ihre rasch geäußerte Unzufriedenheit mit Routinejobs und ihr Mangel an Eigeninitiative nachgesagt.

Da jeder Mensch von sich aus die Welt betrachtet, sein eigenes Wertesystem verallgemeinert, beurteilt er abweichendes Verhalten negativ.

So sagen die Baby Boomer über die Veteranen, dass sie diktatorisch und rigide seien und flexibler werden sollten, die Generation X , dass sie in ihren Denkmustern verhaftet seien und nicht mal eine Email schreiben können, und die Nexters, dass sie tapfere und vertrauenswürdige Führungskräfte seien.

Über die Baby Boomer sagen die Veteranen, dass sie selbstverliebt seien und Dinge erzählten, die sie lieber für sich behalten sollten. Die Generation X hält sie für zu politisch und ständig darauf bedacht, das Richtige zur richtigen Zeit zu sagen. Die Nexters meinen, sie arbeiteten zuviel, seien aber cool und hörten gute Musik.

Über die Generation X sagen die Veteranen, dass sie keine Erziehung hätten, Erfahrung nicht respektierten und nicht arbeiten könnten. Die Baby Boomer meinen, dass sie alles auf ihre Art machten, zuviel Zeit mit neuen Medien verbrächten und nicht warten könnten, bis sie an der Reihe sind. Die Nexters halten die Generation X für unlocker.

Über die Nexters sagen sie Veteranen, dass sie zuviel fernsähen, gute Manieren hätten, dafür aber eine fürchterliche Sprache. Die Baby Boomer meinen, sie bräuchten zuviel Aufmerksamkeit, sollten disziplinierter sein, könnten aber wenigstens die Internetseiten für die Boomer erstellen. Die Generation X hält gar nicht viel von den Nexters.

Zusammenfassend lässt sich sicher sagen, dass die Arbeitspakete für die Generation X und die Nexters anders geschnürt werden müssen, da sie den Wert ihres Beitrages zum Ganzen sehen möchten. Die tayloristische Arbeitsteilung, die bei den Veteranen und Baby Boomern funktioniert hat, dürfte ihr natürliches Ende finden.

6.2 Managing der kulturellen Unterschiede („Herkunft")
Es gibt im Hinblick auf nationale bzw. ethnische Kulturen drei Großgruppen: die linear aktiven Kulturen, die multi-aktiven und die reaktiven. Die linear aktiven Kultu-

ren, zu denen z.B. Deutsche, Schweizer, Skandinavier, Briten, Australier, Südafrikaner, Kanadier und Amerikaner gehören, zeichnen sich durch Arbeitseigenschaften wie Pünktlichkeit und Geduld aus, halten sich an Pläne, Fakten und Arbeitsschritte, Auftragsbezogenheit, Kürze am Telefon, wenig Akzeptanz von Gefälligkeiten, Arbeit zu festen Zeiten, Anfertigung und Nutzung von Notizen, methodischer Vorausplanung und Erledigung einer Sache nach der anderen aus. Die multi-aktiven Kulturen, zu denen die Spanier, Italiener, Inder, Afrikaner, Russen, Tschechen und viele andere gehören, zeichnen sich durch Unpünktlichkeit, Emotionalität, Verändern von Plänen, Personenbezogenheit, Suche nach Gefälligkeiten, parallelen Erledigung mehrerer Dinge gleichzeitig, vielem Reden, kaum Notizen, Ungeduld, Durcheinanderbringen von Arbeitsschritten, stundenlangen Telefonaten und Arbeit zu jeder Stunde aus. Die reaktiven Kulturen, zu denen u.a. Japaner, Chinesen, Koreaner, Finnen und Türken gehören, zeichnen sich wiederum durch Respekt, Pünktlichkeit, Geduld, gutes Zuhören, flexible Arbeitszeiten, aktive und passive Gesichtswahrung, Undurchschaubarkeit, Ruhe, Personenbezogenheit, Versprechen und Eingehen auf Gesprächspartner aus.

Diese Unterschiede zeigen deutlich, dass man viel falsch machen kann, wenn man die Rahmenbedingungen des eigenen Kulturkreises als identisch für alle anderen unterstellt.

Es lassen sich des weiteren sicher noch die Kulturunterschiede zwischen Frauen und Männern aufzeigen. Schwieriger wird es bei Behinderungen, da diese sehr mannigfaltig sind und nicht notwendigerweise Auswirkungen auf das Geschäftsgebaren haben. Dies gilt auch für die Facette der sexuellen Orientierung.

Richtig kompliziert und dann sehr individuell wird die Betrachtung bei Überlagerung verschiedener Facetten gleichzeitig, also z.B. Frau mittelalt, Westeuropäerin.

7. Aktivitäten

Wegen des Grundsatzes der Integration und nicht der Betonung der Besonderheit gibt es bei Lufthansa für die einzelnen Diversity-Gruppen nur sehr wenig Programme. Wenn es sie gibt, sollen sie Katalysator-Wirkung entfalten, um so die den Dingen innewohnende Geschwindigkeit zu erhöhen und die jeweilige Veränderung zu beschleunigen. Bezogen auf die einzelnen Facetten sind es folgende Aktivitäten:

7.1 Work-Life

Lufthansa hat seit 1992 einen Vertrag mit dem „Familienservice", der Mitarbeitende bei Betreuungsengpässen berät und maßgeschneiderte Lösungen anbietet. Diese Betreuungsangebote richten sich nicht nur an Kinder, sondern auch an die ältere Generation, die Eltern. Seit mehr als einem Jahr gibt es in der Nähe des Frankfurter Flughafens eine Notfallbetreuungseinrichtung, die immer dann einspringt, wenn die Regelbetreuung ausfällt.

Das Arbeitszeit-Management umfasst alles, was es an Möglichkeiten gibt, verfolgt den Grundsatz der individuellen Lösungen und versucht, betriebliche Belange und individuelle Wünsche in Deckung zu bringen. Flankiert von dem Angebot zu alternierender Telearbeit bieten sich so vielfältige Möglichkeiten, beide Lebensbereiche einigermaßen in Balance zu bringen.

7.2 Gender

Lufthansa initiierte 1998 das erste Mentoring-Programm für Frauen in Deutschland, das unternehmensübergreifende „Cross-Mentoring". Zusammen mit drei weiteren Großunternehmen (Deutsche Bank, Commerzbank und Telekom) hatten für die Dauer von einem Jahr zunächst je drei weibliche Mentees eines jeden Unternehmens einen Topmananger eines anderen Unternehmens als Mentor. Weil dieses Programm so erfolgreich war, wurde es seitdem jedes Jahr neu aufgelegt, der Kreis der Unternehmen auf acht erweitert und die Anzahl der Mentees und Mentoren pro Unternehmen auf Wunsch bis zu acht erhöht. Ferner wurden interne Mentoring-Programme aufgelegt.

7.3 Behinderung

Diese Diversity-Gruppe ist durch die Gesetzgebung am meisten geschützte. Allerdings gibt es genau aus diesem Grunde Akzeptanzprobleme bei den Menschen ohne Behinderung, da die Schutzmechanismen von diesen als Privilegien wahrgenommen werden. Da die Mitarbeitenden mit Behinderung auch bei Lufthansa eher als bemitleidenswerte Menschen, denn als gleichberechtigte Kollegen und Kolleginnen angesehen werden, die in manchen Fällen eine Anpassung der Infrastruktur benötigen, aber ansonsten genauso produktiv arbeiten wie die anderen, hat Lufthansa von Dezember 2002 bis Dezember 2003 das erste Pilotprojekt „Mentoring für Mitarbeitende mit Behinderung" durchgeführt, das Berührungsängste bei den nicht Behinderten, den Mentoren, beseitigen sollte. Dieses Ziel wurde erreicht, so dass es mit großer Wahrscheinlichkeit zum Frühjahr ein neues Programm geben wird.

7.4 Alter

Für diese Klientel gibt es bislang nur das Standortbestimmungsprogramm „pro 40", das Mitarbeitenden über 40 Jahren eine realistische Selbsteinschätzung ermöglichen soll, ihnen die nächsten Schritte aufzeigt und das, was sie eigenverantwortlich zum Gelingen tun müssen. Mehr als 500 Teilnehmer hat es in den vergangenen fünf Jahren gegeben, die alle ihre Zufriedenheit zum Ausdruck gebracht haben.

7.5 Herkunft

Interkulturelle Trainings, die für Flugbegleiter/-innen und Führungskräfte verbindlich sind, für alle anderen in der freiwilligen Weiterbildung angeboten werden, sind ein wesentlicher Baustein für ein besseres Miteinander der Kulturen. Entsendungen und Drittlandentsendungen führen zu einem besseren Verstehen anderer Lebensumstände und −entwürfe.

Interkulturelle Trainings, die für Flugbegleiter/-innen und Führungskräfte verbindlich sind, für alle anderen in der freiwilligen Weiterbildung angeboten werden, sind ein wesentlicher Baustein für ein besseres Miteinander der Kulturen. Entsendungen und Drittlandentsendungen führen zu einem besseren Verstehen anderer Lebensumstände und –entwürfe.

7.6 Sexuelle Orientierung

Lange bevor das Lebenspartnerschaftsgesetz in Kraft trat, hat Lufthansa gleichgeschlechtlichen Partnerschaften ermöglicht, reduzierte Tickets für gemeinsame Urlaubsreisen zu beziehen. Das Lebenspartnerschaftsgesetz wurde im Dezember 2001 für eingetragene Lebenspartnerschaften so umgesetzt, dass die tarifvertraglichen Regelungen, die für Ehepaare gelten, für sie übertragen werden. Dies gilt zur Zeit nur für alle non-monetären Aspekte, also nicht für Versorgungsansprüche und dgl. Obwohl Lufthansa sich zu diesem Zeitpunkt in einer schweren Krise befand, ist sie in ihren internen Regelungen weit über das gesetzlich Notwendige hinaus gegangen.

8. Fazit

Zusammenfassend lässt sich sagen, dass Diversity sicher aus ethischen Gründen ein wichtiges Thema und keinesfalls Sozialromantik ist, sondern erheblich zur Steigerung der Produktivität eines Unternehmens oder einer Organisation beitragen kann.

open space
Geschichten, Erfahrungen und Theoriehappen
Michael M Pannwitz

1. Einleitung

Zu einer Fachtagung versammelten sich im Oktober 2003 einhundert Fachleute aus dem Bereich Personalentwicklung an deutschen Hochschulen an der Ruhr-Universität Bochum.

Am ersten Tag: Plenum!
Vorne jeweils ein Vortragender mit Stehpult und Beamer und im Saal in acht Reihen die Zuhörenden. Konzentrierte Ruhe im Saal.

Am zweiten Tag: open space!
Viele parallel stattfindende Kleingruppen in Selbstorganisation. Alle TeilnehmerInnen diskutieren, arbeiten, tauschen sich aus und erstellen eine Dokumentation. Konzentriertes Miteinander überall im Gebäude.

Für die meisten TeilnehmerInnen war dies die erste unmittelbare Erfahrung mit open space.

open space
- ist einfach und elegant,
- bedarf keiner aufwendigen Initiierung oder besonderer Vorkenntnisse und
- gelingt immer.

Es folgt Grundelementen der Kommunikation und Versammlungsgeometrie, die uns allen von Kindesbeinen an vertraut und in allen Kulturen verwurzelt sind, die allerdings im traditionellen, frontalen Lernen und Arbeiten oft verschüttet werden und uns – einmal wiedererweckt – dann wie ein „Wunder" erscheinen. Eins, das man sich selber wieder schenkt.

Von allen Verfahren, die mit großen Gruppen arbeiten – insbesondere mit dem Versuch, das „ganze System" in den Raum zu holen – ist open space das am einfachsten durchschaubare und durchführbare. Es steht allen überall zu jeder Zeit frei zur Verfügung. Es ist weder durch copyright geschützt oder lizensiert, noch bedarf es einer aufwendigen Vorbereitung.

Ich lade dazu ein, sich in der folgenden Mischung aus Erfahrungsbericht, Geschichten und Theoriehappen ein wenig umzuschauen. Sie werden es sich ganz sicher selbst organisieren und das ist auch gut so.

2. Das open space-Experiment - erzählt von Harrison Owen, dem open space-Entdecker

Als ich 1985 das open space-Verfahren entwarf, hatte ich nicht die geringste Ahnung, was ich tat. Es war keine sorgfältig ausgearbeitete Methode, sondern entstand intuitiv. Zwar ist es rückblickend betrachtet sicher richtig, dass viele meiner Erfahrungen - und die meiner Freunde und Kollegen - mit einflossen, aber open space war zu allererst ein Kind der Not und ein großer Glücksfall.

Die Not ergab sich aus der Tatsache, dass ich versprochen hatte, eine Veranstaltung zum Thema Organisationstransformation einzuberufen. Es sollte die dritte in ihrer Art werden. Zur ersten war auch von mir eingeladen worden. Der Ablauf folgte dem klassischen Muster mit Rednern, Podiumsdiskussionen und Diskussionsgruppen. Für die Vorbereitung der ersten Veranstaltung hatte ich sehr viel Aufwand betrieben. Ich war wie alle anderen der Meinung gewesen, dass so etwas durchstrukturiert werden musste. Aber als sie dann endlich stattfand, stellte sich schnell heraus, dass die interessantesten und beflügelndsten Gespräche und Ergebnisse in den Kaffeepausen zustande kamen. Den ganzen Rest der Konferenz hätte man sich sparen können - und das ist keine Übertreibung. Als ich die dritte Veranstaltung vorbereitete, war mir nur eines klar: Ich würde nicht noch einmal so viel Arbeit investieren. Stattdessen setzte ich mich auf meine Terrasse in Washington, genehmigte mir zwei Martini-Cocktails und genoss das Frühlingswetter, während ich über die Konferenz nachdachte. Der erste Martini-Cocktail half mir, mit der schockierenden Erkenntnis fertig zu werden, dass ein Jahr Vorbereitung als herausragendstes Ergebnis die Kaffeepausen kreiert hatte. Beim zweiten Martini kramte ich in meiner Erinnerung die Fälle hervor, in denen Gruppen schwierige Themen mit Leichtigkeit und Eleganz gemeistert hatten. Und das ohne die Segnungen moderner Organisationsentwicklung: ohne Planungskomitee, Konferenzmanagement und einem Heer von Moderatoren. Auf einmal erinnerte ich mich an eine Versammlung, an der ich einmal teilgenommen hatte - in einem kleinen Dorf der Kpelle in Westafrika. Die Kpelle versammelten sich immer im Kreis, wenn es etwas zu besprechen gab. Und das war das erste Element des open space. Die Teilnehmenden sollten immer im Kreis zusammenkommen.

Wenn man über etwas reden will, muss man zumindest irgendeine Ahnung haben, worum es geht. Das Standardverfahren sieht dafür das Konferenzprogramm mit seiner Tagesordnung vor, aufwendig hergestellt von einem Komitee. Mir fiel die öffentliche Aushangtafel ein. Überall auf der Welt benutzen die Menschen auf die eine oder andere Weise eine, wenn sie sich etwas Wichtiges mitteilen wollten. Herrlich einfach. Und das war das zweite Element des open space. Eine öffentliche Aushangtafel als Informationsbörse.

Nachdem das erledigt war, blieben eigentlich nur noch die Fragen des Wer, Wo, Was und Wann zu klären. Unwillkürlich musste ich an einen Marktplatz denken, den Inbegriff menschlicher Kommunikation. Märkte gibt es seit Jahrhunderten, manche finden seit Urzeiten jahrein, jahraus immer zur gleichen Zeit am gleichen Ort statt. Das Bemerkenswerteste ist, dass niemand die Kontrolle über sie zu haben scheint. Zweifellos bemühen sich viele darum, aber letztendlich gehorchen Käufer und Verkäufer eigenen Gesetzen. Wenn etwas nicht gekauft wird, gibt es bald auch keinen

Verkäufer mehr. Und wenn ein bestimmtes Interesse da ist, gibt es auch bald jemanden, der dieses Interesse befriedigt. Das war das letzte Element des open space: - Er brauchte einen Marktplatz.

Langsam ließ die Wirkung der Martinis nach. Ich hatte das angenehme Gefühl, dass ich getan hatte, was ich konnte. Einige Monate später sammelten sich 85 mutige Mitstreiter im Kreis, schufen eine öffentliche Aushangtafel, eröffneten einen Marktplatz und gingen an die Arbeit. Und zu aller Überraschung funktionierte es tadellos. Ein dreitägiges Symposium wurde in weniger als anderthalb Stunden organisiert: einschließlich Einzelanliegen, Kleingruppen, EinberuferInnen und Teilnehmenden. Kein Aufwand, kein Ärger. Einfach so.

Fünf Jahre lang fanden unsere jährlichen Symposien im open space statt. Während dieser Zeit fand ich das Verfahren ganz spannend, kümmerte mich aber nicht weiter darum. 1990 flüchtete open space aus seinem Elternhaus. Und der Rest ist Geschichte. Niemand hat sie bis jetzt vollständig dokumentiert, wahrscheinlich weil die meisten Aktiven damit beschäftigt sind, das Verfahren anzuwenden, anstatt darüber zu schreiben. Open space ist bis heute in 83 Ländern überall auf der Erde insgesamt 20-30.000 Mal angewendet worden mit Gruppen von 5 bis zu 2108 Teilnehmenden. Es ging um den Frieden im Nahen Osten, den Bau des AT&T Pavillons zur Olympiade 1996, den Straßenbau auf Land, das den Indianern gehört, die Zukunft einer Kirchengemeinde, Personalentwicklung an deutschen Universitäten, Stadtplanung in Oranienburg, europäischen Jugendpolitik, Visionen für eine Bosch-Niederlassung in Frankreich und viele andere ungewöhnliche Themen. Zur Zeit dürfte es weltweit um die 10.000 open space-BegleiterInnen geben.[1]

2. Open space - der Zustand und das Verfahren

Open space ist ein Kürzel für den dynamischen Zustand von Systemen, Organisationen und Betrieben, in denen Selbstorganisation deutlich wahrnehmbar vorherrscht.

Selbstorganisation ist der Kernprozess aller Systeme, es gehört zu ihrem Wesen. Produktivität, Effizienz, Entwicklung, Adaptivität, Kreativität, Innovation und pures Vergnügen beim Arbeiten und Lernen sind Merkmale von Gruppen, Organisationen, und Betrieben, in denen ein hohes Maß an Selbstorganisation zum Alltag gehört. Selbstorganisation und open space sind Wesensmerkmale aller Systeme. Sie sind bereits existent. Oft allerdings wenig entfaltet oder aktiv und oft durch viele Verkrustungen und nicht adaptierte hierarchische Strukturen verdeckt. Ganz verschwunden sind Selbstorganisation und open space erst, wenn eine Organisation tot, ein Betrieb aufgelöst oder eine Gruppe gestorben ist.

Vor diesem Hintergrund macht es keinen Sinn, Selbstorganisation herbeiführen zu wollen oder zu organisieren. Stattdessen Rahmenbedingungen für Selbstorganisation zu unterstützen, da wo Kontrolle und Steuerung, wie wir sie gewohnt sind, ausgeübt

---

[1] Raum für den Frieden –The Practice of Peace, Harrison Owen, 2003-12-23. Aus dem amerikanischen von Georg Bischoff übertragen. Herausgeber der deutschen Fassung ist Michael M Pannwitz, Draisweg 1, 12209 Berlin, mmpanne@snafu.de. Beziehbar über den online shop via www.michaelmpannwitz.de. ISBN 3-00-011251-0

wird, ist indessen das einzig lohnende und letztendlich das einzig mögliche Unterfangen.

Obwohl es für viele zum Alltagsgeschäft gehört, Organisationen zu beraten und zu steuern, wird die Entfaltung von Selbstorganisation dadurch eher eingeschränkt. Der Kunde erwartet den Ruck, von außen angestoßen. Sich dagegen auf die Kräfte der Selbstorganisation zu verlassen und sich mit ihnen zu bewegen, ist eine hohe und noch nicht weit entwickelte Kunst.

Ein dreißigtausendfach erprobter und einfacher Weg, Selbstorganisation bewusst zu erleben und ihre schöpferische Wirkung wahrzunehmen, ist die Durchführung von open space-Veranstaltungen in Organisationen, Betrieben, Verwaltungen, Vereinen, Konzernen, Gewerkschaften, Kirchen, Netzwerken....in jeglichen von uns geschaffenen Systemen. Das open space-Verfahren ist der einfachste, unmittelbarste, direkteste, schnellste, leicht wiederholbarste und wirksamste Weg, den ich – nach über drei Jahrzehnten als Berater für Organisationsentwicklung - kenne, den Kernprozess von Selbstorganisation erlebbar zu machen.

Menschen, die das open space-Verfahren nutzen, erleben alle Selbstorganisation als den Kernprozess, der sie zu Höchstform auflaufen lässt. Wenn dies wiederholt erlebt wird – und das ganz einfach durch wiederholtes Arbeiten mit dem open space-Verfahren – dann wird der „open space-Charakter" der Organisation bewusster wahrgenommen und genutzt werden.

4. Das „open space-Verfahren" I - kurze Version zum Überfliegen

Aus einer Einladung zu einer open space –Veranstaltung im Jahre 1999 in Wien:

Konferenz? Tagung? Da denkt mensch an Vorträge mit endlosen Folien, an ein vorgegebenes Programm, an Podiumsdiskussionen, an Räume mit Dämmerlicht und dahinschlummernde TeilnehmerInnen, die sehnsüchtig die Pause herbeiwünschen.

Anders bei open space. Nur eine Überschrift, keine vorgegebene Tagesordnung. In den ersten 1 ½ Stunden planen die TeilnehmerInnen die gesamte Veranstaltung, egal ob 11 oder 230 oder 2108 teilnehmen oder ob die Veranstaltung über einen, zwei oder drei Tage geht.

Wie geht das? Am Anfang sitzen alle im Kreis oder bei Gruppen über 50 in konzentrischen Kreisen. Nach der viertelstündigen Einführung wird dazu eingeladen, das einzubringen, was auf den Nägeln brennt und wofür Bereitschaft besteht, Verantwortung zu übernehmen. Alle Anliegen sind zulässig, auch wenn sie vermeintlich nicht zur Gesamtüberschrift passen. Niemand sortiert oder kontrolliert die Anliegen.

Wenn die Anliegen an der Wand hängen und Zeiten und Räume feststehen, tragen sich alle dort ein, wo sie mitmachen wollen. Dann treffen sich die Gruppen: Zeiteinteilung, Größe, Arbeitsweise... alles selbstorganisiert. Manche "hummeln" von Gruppe zu Gruppe, andere arbeiten über mehrere Einheiten an der gleichen Fragestellung. Jede Gruppe verfasst ein „Doku-Blatt" mit dem was war und veröffentlicht dies für alle anderen an der "Doku-Wand". Um allen, die in einer Gruppe nicht dabei waren, Kommentierungen zu ermöglichen, hängen so genannte „Ergänzungsblätter" neben den veröffentlichen Dokumenten und laden dazu ein, Ergänzungen, Fragen, Hinweise und Vorschläge zu dem jeweiligen Anliegen hinzuzufügen.

Vor Schluss bekommen alle eine Dokumentation mit den Doku-Blättern und einer Kontaktliste als Grundlage für die Beschäftigung mit den Anliegen über den open space hinaus.

Bei Veranstaltungen, die über einen Tag hinausgehen und neben der Diskussion und dem Austausch auch Handlungsplanung vorsehen, gibt es eine dreistündige Phase für Verabredungen zu Vorhaben, die nach dem open space weitergeführt werden. In einer so genannten „Zweiten Dokumentation" werden die Vorhaben kurz beschrieben versehen mit Hinweisen, wer alles mitmacht, einschließlich der nächsten konkreten Schritte.

Im Gegensatz zu den oben erwähnten „Konferenzen" erfahren die Beteiligten in open space-Veranstaltungen, dass es möglich ist und zudem beglückt, selbstverantwortlich zu handeln, Führung gemeinsam auszuüben, mit Unterschieden wertschätzend und ressourcenorientiert umzugehen sowie Handlungspläne zu verabreden.

Open space wirkt fort: In den Köpfen, in den Handlungen am Arbeitsplatz, im Stadtteil, in Unternehmensleitungen, im öffentlichen Leben, im gesellschaftlichen Diskurs, in der täglichen Meinungsbildung. Vor- und Nachbereitung unterstützen die nachhaltige und handlungsorientierte Wirkung von open space-Veranstaltungen.[2]

5. Das „open space-Verfahren" II - ausführliche Version mit O-Ton Mitschnitten zum Eintauchen

Es folgt eine Beschreibung des typischen, mehrschrittigen aber insgesamt einfachen Ablaufes einer open space-Veranstaltung:

Kontaktgespräch

Zuerst eine Anfrage durch den Veranstalter, die zu einem Kontaktgespräch führt. Bei diesem Gespräch hat der Veranstalter Gelegenheit, anhand der fünf Voraussetzungen für open space zu schauen, ob das open space-Verfahren angemessen für das geplante Vorhaben ist.

Ich betone, dass

- je komplexer die Fragestellung
- je mannigfaltiger die Zusammensetzung der Gruppe, die die Fragestellung bearbeitet
- je konfliktträchtiger die Fragestellung für die Organisation/das System/die Gruppe
- je dringender die Bearbeitung und
- je unbekannter die Lösung

desto wahrscheinlicher ist das open space-Verfahren der angemessene Ansatz.

---

[2] Dieser Text ist von Michael M Pannwitz zusammengestellt in Anlehnung an die Einladung zu der open space-Konferenz "Was lernen wir für den nächsten Krieg in Europa?" im September 1999 in Wien.

Bei dem ersten Kontakt wird auch geklärt, wer der Veranstalter ist und wer diese Rolle bei dem open space-Ereignis wahrnimmt. Dies auch mit der Betonung, dass der Veranstalter den open space eröffnet und der Begleiter lediglich in das Verfahren einführt.

Gleich beim ersten Kontaktgespräch spürt jeder, dass der dringende Wunsch, Dinge selbstverantwortlich in die Hand zu nehmen das Wesentliche ist. Die geplante Veranstaltung funktioniert nicht wegen des Verfahrens oder gar wegen Versprechen seitens der Führung, den Ergebnissen der Veranstaltung gegenüber Wohlwollen zu zeigen.

Vier Fragen zur Klärung der Ziele und dem Umgang mit den Konsequenzen aus einer open space Veranstaltung:

1. Will der Veranstalter nicht nur Vorschläge oder Anregungen aus der open space-Veranstaltung bekommen?
2. Erwartet der Veranstalter konkrete Verabredungen zu spezifischen Vorhaben?
3. Sollen die Beteiligten diese Vorhaben eigenverantwortlich und selbstorganisiert voranbringen?
4. Sind sich alle – Veranstalter und Beteiligte – über die damit verbundenen Auswirkungen auf die jeweilige Rolle bewusst?

Alles mit „ja" beantwortet?
Ok – dies ist die richtige Zeit für eine open space-Veranstaltung.

Vorbereitungstreffen

Nächster Schritt ist das Vorbereitungstreffen (manchmal nur 2 Wochen vor dem Ereignis, manchmal aber auch Monate davor) am besten in den Räumen, in denen die open space-Veranstaltung stattfinden wird. Hier geht es im Wesentlichen um vier Aspekte:

1. was ist der erwartete Zustand nach der open space-Veranstaltung (eine mindmap Übung mit der ganzen Gruppe unter der Überschrift „Der Tag danach")
2. die Klärung des Titels für die Veranstaltung (Einzelarbeit, Kleingruppen und Gesamtgruppe)
3. die Klärung, wer alles eingeladen werden muss, damit die Erwartungen für den „Tag danach" unter der gewählten Überschrift eine gute Chance haben, eingelöst zu werden
4. Verabredungen zum Zeitbedarf (mehr dazu in Kapitel 5) und zur Organisation (Räume, Material, Catering, Dokumentation, Einladung, Zuständigkeiten, Personal….).

Je mehr diese Gruppe die erwartete Zusammensetzung bei der geplanten Veranstaltung abbildet, umso nachhaltiger und systemdurchdringender ist die Information und Werbung für das Ereignis. Falls Handlungsplanung und robuste Verabredungen gewünscht werden, muss die dafür notwendige Zeit zur Verfügung stehen (mehr dazu in Kapitel 5). Das Nachtreffen schon zu diesem Zeitpunkt festzulegen, unterstützt die Handlungsplanung. Falls Handlungsplanung und Verabredungen nicht geplant sind, kann die open space-Veranstaltung kürzer sein.

Die unterschiedlichen, in der Praxis erprobten Möglichkeiten von einem halben Tag, 1 Tag, 1,5 Tagen , 2 Tagen und 2,5 Tagen sind in der Liste der 112 Veranstaltungen auf meiner Website dargestellt.[3] Dort findet sich auch der Hinweis auf „PE im open space", (Nr. 103) samt Bildern zu all den oben erwähnten Schritten und dem open space selbst.

Zwischen Vorbereitungstreffen und der open space-Veranstaltung

Die Vorbereitungsgruppe und der Veranstalter werden in ihrer Planungsarbeit durch die Begleitung unterstützt. Das umfasst in der Regel

-   eine detaillierte Checkliste (Raum-, Material- und Cateringbedarf) [4]
-   die Unterstützung bei der Gestaltung der Einladung [5]
-   Zusammenstellung eines Begleitteams, insbesondere bei sehr großen Veranstaltungen
-   Hinweise für die Vorbereitung der Kontaktliste
-   Bereitstellung von Arbeitsunterlagen
-   direkten Kontakt mit dem technischen Personal am Veranstaltungsort, dem Caterer, etc.

Aufbau des open space

Einen Tag vor dem open space richtet das Begleitteam die open space-typischen Elemente vor Ort ein: Stuhlkreise, die Mitte, Anliegenwand, Kleingruppenzonen, Servicezentrale, Dokuwand, pausenloses Pausenbüffet und sorgt für Rahmenbedingungen (Arbeitsmaterial, Wegweiser, Plakate, Verlaufspläne,etc.) die selbstorganisiertes Lernen und Arbeiten unterstützen.

Für den Aufbau werden fünf bis sieben Stunden gebraucht. Ein in der Praxis entwickelter Arbeitskärtchensatz erlaubt dem Aufbauteam ein mit dem open space-Verfahren kongruentes selbstorganisiertes Arbeiten.

---

[3] http://www.openspaceportal.de/openspace/list/list.php?id=1. An mehreren Stellen im Text verweise ich auf weiterführendes oder detaillierteres Material in meiner Website mit direkten links zu den entsprechenden Quellen. Alles in meiner Website ist im Word-Format oder anderen gängigen Formaten runterladbar, veränderbar und frei weiterverwendbar.

[4] für Beispielchecklisten zum Runterladen und weiterverarbeiten siehe
http://www.michaelmpannwitz.de/os_material/index.htm,

[5] 13 Beispiele unter http://www.michaelmpannwitz.de/o_beispieleinladung.htm,

Die open space-Veranstaltung

Wenn alle sich versammelt haben, begrüßt sie der Veranstalter, eröffnet den open space und leitet zum Begleiter über. Das soll alles in weniger als fünf Minuten stattfinden. Also keine Vorträge, Ansprachen oder Grundsatzerklärungen: Das Thema nennen, mit ein paar Sätzen erläutern, einige Anmerkungen zu den persönlichen Hoffnungen und Wünschen des Veranstalters äußern.

Ich als Begleiter führe danach in das open space-Verfahren ein. Das geschieht in Ruhe, aber zügig, damit die Teilnehmenden selbst so schnell wie möglich zum Zuge kommen. Bis zum Einbringen der Anliegen vergeht kaum eine Viertelstunde.

1. Herzlich Willkommen! (10 Sekunden)

2. Die Gruppe einladen, sich auf sich selbst zu beziehen. (4 Minuten)

Dies ist aus meiner Erfahrung der wichtigste Teil der Einführung. Hier werden die TeilnehmerInnen ausführlich auf die Möglichkeiten, Schätze und Erfahrungen der Gruppe selbst aufmerksam gemacht. Während ich langsam den Innenkreis abschreite, werden alle eingeladen, sich ebenso umzuschauen und wahrzunehmen, wer alles im Raum ist und sich zu vergegenwärtigen, dass nur die hier Versammelten gemeinsam die Veranstaltung gestalten. Wenn dieser Teil gelingt, erweitert die Gruppe ihren Raum für Selbstorganisation.

„Schauen Sie sich mal um, wer alles hier ist. Ich hab gehört, es ist so ungefähr jeder dreißigste aus Ihrem Unternehmen hier. Gucken Sie sich mal um, wer heute hier ist. Manche kennen Sie schon, mit manchen haben Sie schon lange zusammengearbeitet, manche sind Ihnen ganz fremd, ganz neu. Sie werden 24 Stunden lang mit den Menschen, die jetzt hier sind zusammen sein und auf diese Reise gehen, ein Leitbild zu entwickeln.
(Lachen)
Ist das bedrohlich? Es gibt auch Pausen! Aber die jetzt hier versammelt sind, so hab ich das verstanden, sind diejenigen, die diesen Leitbildprozess maßgeblich mit anschieben werden, persönlich und auch in den einzelnen Einrichtungen, in den vielen Niederlassungen und in der Zentrale etc., ich kenne mich da noch nicht so gut aus.
Und hier unter Ihnen sind lauter Schätze verborgen. Sie können sich überlegen, wenn Sie rumgucken, welche von den Schätzen, die Sie selber besitzen, Sie verschenken wollen in den Prozess, der miteinander stattfindet, und welche Geschenke Sie auch bereit sind entgegenzunehmen. Lassen Sie sich auf diese Reise ein, gucken Sie sich noch mal um, nur mit diesen, die jetzt hier sind, wird dieser Prozess gelingen, mit niemand anderem." [6]

---

[6] Eine O-Ton Abschrift einer Einführung gibt es bei
http://www.michaelmpannwitz.de/o_begleiter_einfuehrung_1a.htm

3. Das Thema noch mal nennen und nicht viel mehr. (20 Sekunden)

4. Das Verfahren beschreiben. (11 Minuten)

a) Im Wesentlichen: die Nennung und Erläuterung der vier Grundsätze:
- Die da sind, sind genau die Richtigen
- Was auch immer geschieht: Es ist das Einzige, was geschehen konnte
- Es fängt an, wenn die Zeit reif ist
- Vorbei ist vorbei / Nicht vorbei ist nicht vorbei
b) Der Vorstellung des Gesetzes der zwei Füße:
Ich ehre eine Gruppe mit meiner Abwesenheit,
wenn ich weder etwas lerne noch etwas beitrage

c) Die Beschreibung der zwei Erscheinungen:
Hummeln und
Schmetterlinge

d) Die Erläuterung der Ermahnung:
Augen auf! Mit Überraschungen ist zu rechnen

e) knappe Hinweise auf
Räume, Zeiten, Arbeitsweise in den Gruppen, Dokumentation, etc.

Hier ein Beispiel im O-Ton von a) bis e):[7]

„Manche von Ihnen werden sich fragen, wie das jetzt gehen soll. Da ist nur eine große Wand, die Anliegenwand, völlig leer. Wenn ich das Verfahren vorgestellt habe, werde ich Sie auffordern, hier in die Mitte zu kommen mit einem Anliegen, das Ihnen wirklich am Herzen liegt, etwas was ihnen unter den Nägeln brennt, und wofür Sie auch bereit sind, was zu tun. Wenn Sie so ein Anliegen haben, kommen Sie hier in die Mitte und schreiben Ihr Anliegen in fünf, sechs Wörtern auf dieses A3 Blatt zusammen mit Ihren Namen. Dann stellen Sie sich hin und sagen Ihren Namen und Ihr Anliegen. Bei mir könnte das dann so lauten: „Ich heiße Michael M Pannwitz, und mein Anliegen ist, dass das Leitbild auch Spaß machen soll.“ Dann nehmen Sie dieses Blatt Papier und gehen zur "Anliegenwand", und suchen sich eine von den drei Zeiten aus. Es gibt drei Anfangszeiten und acht vorbereitete Räume. Und Sie entscheiden sich für 17:45 Uhr, nehmen den Raum mit dem Symbol eines lächelnden Gesichtes und hängen Ihr Anliegen in das entsprechende Zeitfenster hier, hier sind Nadeln zum Befestigen. Dann gehen Sie wieder zurück auf ih-

---

[7] Eine O-Ton Abschrift einer Einführung gibt es bei
http://www.michaelmpannwitz.de/o_begleiter_einfuehrung_1a.htm)

ren Platz und der Nächste ist dran. So kommen die Anliegen an die Wand. Jetzt ist es noch alles ganz leer, aber in einer halben Stunde wird die Wand so voll sein, dass Sie sich fragen werden, wie werden wir das alles schaffen? Von diesen Anliegen, die hier verhandelt werden, gibt es auch Dokumentationen aus den einzelnen Gruppen. Und morgen um neun, wenn wir uns hier treffen, ist die Dokumentation fertig. Wir haben das Deckblatt schon, hier ist das Deckblatt und hier ist der Rückendeckel (als Begleiter halte ich die vorbereiteten Papiere hoch). Jetzt ist da noch nichts, aber morgen ist das dann der Bericht, den Sie mit nach Hause nehmen werden, und auch noch vorher diskutieren und gewichten.

So, wie geht das nun, open space? Es gibt **vier Grundsätze**, auch Tatsachen des Lebens genannt, **ein Gesetz**, das unbedingt eingehalten werden muss, und **eine Ermahnung**.

Der erste Grundsatz lautet: **Die da sind, sind genau die Richtigen.** Es kommt nicht darauf an wie viele hier sind, oder dass die Leute aus bestimmten Ebenen hier sind. Die Energie kommt aus der Leidenschaft, die Sie für ein bestimmtes Thema haben und aus der Diskussion, die mit anderen Menschen geführt wird. Das kann ich auch mit einem anderen machen, manchmal sogar mit mir selbst. Wir machen uns keinen Kopf über die, die nicht da sind, das lenkt nur ab von denen, die hier sind. Ich begebe mich in den Rhythmus der Menschen, die hier sind, ich atme mit ihnen, arbeite mit ihnen, ich geh mit ihnen spielen oder eine Pause machen. Die da sind, sind genau die Richtigen.

Der nächste Grundsatz heißt: **Was auch immer geschieht: Es ist das einzige, was geschehen konnte.** Zusammengefasst: "Wenn das Wörtchen wenn nicht wär, wär mein Vater Millionär". Also alles, was hier hätte geschehen sollen oder geschehen müssen, ist völlig irrelevant, nur das, was tatsächlich hier passiert, zählt und wird Sie weiterführen. Was auch immer geschieht: Es ist das Einzige, was geschehen konnte.

Der dritte Grundsatz lautet: **Es fängt an, wenn die Zeit reif ist.** Nur weil wir uns um 17:45 Uhr treffen, heißt noch lange nicht, dass wir dann den genialen Einfall haben, oder dass da der heilige Geist plötzlich ausgeschüttet wird.. Ich erharre den richtigen Zeitpunkt gelassen. Es fängt an, wenn die Zeit reif ist

Der vierte Grundsatz hängt dort drüben: **Vorbei ist vorbei.** Wenn wir eine Stunde Zeit haben, um etwas zu erarbeiten, und es in der ersten halben Stunde erledigt ist, gibt es die Tendenz, irgendwie diese Stunde doch noch abzusitzen. Oft passiert es, dass in der zweiten Hälfte der Stunde, das was wir in der ersten Hälfte erarbeitet haben, wieder zerredet wird. Wenn es vorbei ist, begebe ich mich an einen produktiveren Ort, das kann auch eine Pause sein, oder ich besuche eine andere Gruppe oder ich mache ein Nickerchen. Gleichermaßen gilt: **Nicht vorbei ist nicht vorbei.** Wenn ich eine Stunde Zeit habe und 55 Minuten lang ist es irgendwie gegangen, und dann auf einmal wird's spannend, und jetzt bräuchten wir eigentlich noch eine Stunde, dann muss *man sich neu verabreden, noch eine Zeiteinheit planen, heute Abend noch arbeiten, morgen noch was machen. Nicht vorbei ist nicht vorbei.*

Dann gibt es ein Gesetz. Wie gesagt dieses Gesetz ist verpflichtend für Sie alle, das müssen Sie befolgen. **Das Gesetz der zwei Füße.** *Kurz gesagt, wenn ich in einer Gruppe bin und in der Gruppe weder etwas beitragen noch etwas lernen kann, dann ehre ich die Gruppe mit meiner Abwesenheit. Wenn ich etwas lerne, bleibe ich. Wenn ich etwas beitrage, bleibe ich auch. Aber wenn weder noch, dann gehe ich an einen für mich produktiveren Ort. Das heißt das Gesetz der zwei Füße, weil nur ich auch die Verantwortung über meine Füße habe, niemand nimmt sie mir hier ab, also ich muss dann meine Füße bewegen und weggehen. In normalen Veranstaltungen macht das die Leute völlig kirre, wenn jemand oder gar mehrere aufstehen und weggehen. Hier aber ist es nicht nur erlaubt, es ist ein Gesetz. Es ist auch sehr heilsam, für Leute, die die Wahrheit gepachtet haben, Besserwisser, Vielredner, wenn die merken, dass die Leute langsam alle aus der Gruppe verschwinden.*

Das Gesetz der zwei Füße hat zwei Erscheinungen zufolge: Hummeln und Schmetterlinge. Hummeln sind diese Insekten, die sehr interessiert sind, Nektar zu saugen, und nebenbei sammeln die auch Blütenstaub an ihren Füßen und am Hinterteil und fliegen von Blüte zu Blüte und befruchten andere Blüten. Darin liegt einer ihrer größten Bedeutungen. Das heißt, wenn hier einer von ihnen das wahr macht, und sagt, in dieser Gruppe kann ich weder was lernen noch beitragen, aufsteht und in eine andere Gruppe geht, dann trägt er den kostbaren Blütenstaub von dieser Gruppe in die andere, und die Diskussion wird bereichert.

Schmetterlinge hingegen sind ganz anders, das sind Leute, da gibt es welche unter Ihnen, da bin ich sicher, die fragen sich, was ist denn das für eine Veranstaltung, in die ich hier rein geraten bin? Die trifft man dann an der Bar, oder draußen im Flur, rauchend. Systemisch gesehen stellen sie Zentren der Inaktivität dar. Wo sie sind, ist nichts geplant, und gerade weil nichts geplant ist, ist dort Raum für alles Mögliche. Wenn Sie einen Schmetterling sehen, gehen Sie hin, und gucken Sie mal, was passiert, da geschehen ungeahnte Dinge.

Dann gibt es noch eine Ermahnung, die hängt draußen am Eingang: **Achtung, mit Überraschungen ist zu rechnen.** *Wenn Sie mit den gleichen Ideen, mit den gleichen Vorstellungen zum Unternehmensleitbild weggehen morgen Mittag, mit denen Sie hier angekommen sind, haben Sie 24 Stunden ihres Lebens vergeudet. Es kann auf keinen Fall so sein, dass Sie irgendetwas Neues entwickeln, wenn Sie jetzt zu sind. Es ist eine Aufforderung dazu, sich zu öffnen, und zumindest für diese Zeit ihre lang gehegten Lieblingsvorstellungen und Deutungsmuster zur Seite zu legen, und dann ist Raum für Überraschungen.*

Zum Vorgehen: Wie gesagt, es sind acht Kleingruppenräume vorbereitet. In jedem ist eine Pinwand, Stifte und was man sonst normalerweise braucht. Die Arbeitsweise ist selbstorganisiert. Es gibt zwar Anfangszeiten aber keine

Pausenzeiten. Pausen sind selbstorganisiert. Derjenige oder diejenige, die ein Anliegen hat, geht mit ihrem Anliegen in die Gruppe, und die anderen, die dann kommen, denen wird dann entweder die Frage erläutert, die die Person hat, oder ein Vortrag gehalten oder eine Diskussion angezettelt. Man muss nicht irgendetwas beitragen in so einer Gruppe als Einberuferin oder Einberufer, sondern es kann sein, dass ich einfach mehr erfahren will über etwas, wovon ich noch gar keine Ahnung habe. Also, es ist nicht so, dass die Einberuferin die Gesprächsleitung hat, es ist immer nur jemand, der den Anlass gibt, das Gespräch anzuzetteln.

Die Dokumentationen sollen möglichst nach jeder Gruppeneinheit fertig gestellt werden, dafür gibt es Doku-Blätter in jedem Raum.

*Dokumentationsblätter werden in der Doku-Zentrale abgeliefert, von uns auf A3 vergrößert und an der Dokuwand in der Nähe des Büffets veröffentlicht. So erfährt man laufend, was in den anderen Gruppen geschehen ist. Die Dokumentationsblätter sind die Grundlage für die Dokumentation. Ich habe gehört in die Dokumentation kommen auch ein paar Bilder, jemand hat hier eine Digitalkamera, und die Kontaktliste und das Inhaltsverzeichnis. Die Einberuferin oder der Einberufer sorgt dafür, dass eine Dokumentation gemacht wird, die muss aber nicht von der Person persönlich erstellt werden. Grundregel: **KISS**, das kennen einige von Ihnen, das heißt: Keep it short and simple. Auf Deutsch: **k**urz, **e**infach, **k**lar und **k**nackig: **kekk**. "*

5. Die Teilnehmenden auffordern, einladen, bitten ihre Anliegen zu formulieren…

…unter Nennung des eigenen Namens vorzustellen und an der Anliegenwand anzubringen. Für jede Zeit und jeden Raum gibt es vorgefertigte Post-its von denen sich man ein gewünschtes aussucht und in der entsprechenden Zeitzone an die Anliegenwand hängt. (15 bis 30 Minuten)

„Jetzt ist die Zeit gekommen unter Ihrer Überschrift "Schritte zu einem gemeinsamen Unternehmensleitbild" zu überlegen: Was berührt mich an dem Thema? Welchen Aspekt will ich hier bearbeiten, welches Anliegen habe ich, was liegt mir am Herzen, was muss unbedingt hier von mir eingebracht und besprochen werden?. Wenn Sie so ein Anliegen haben, kommen Sie nach vorne, schreiben Sie es auf, setzen Sie ihren Namen dazu, stellen sich und Ihr Anliegen vor, suchen sich eine Zeit und einen Raum aus und hängen es an die Anliegenwand.. Wenn Sie kein Anliegen haben, keine Panik, es wird schon kommen. "

(Teilnehmende nennen Anliegen und heften sie an die Anliegenwand).

6. Marktplatz

Wenn alle Anliegen benannt sind, die Gruppe zum „Markt" an der Anliegenwand einladen, um sich überall dort einzutragen, wo es einen hinzieht, Danach treffen sich die Kleingruppen. (10 Minuten)

„So, der Markt ist jetzt eröffnet. Wenn ich in verschiedenen Gruppen gleichzeitig arbeiten will, dann kann ich entweder hummeln, oder ich kann den Einberufer, die Einberuferin bitten, das zu verschieben, also handeln. Irgendwann muss ich mich entscheiden. Also, jetzt zur Anliegenwand gehen, sich eintragen. Die erste Anfangszeit ist 15:15 Uhr. Wir sehen uns wieder um 19 Uhr zur Abendrunde. Viel Spaß!"

So, jetzt ist seit Beginn der Veranstaltung eine gute Stunde vergangen.

Bevor die erste Kleingruppenphase beginnt, egal wie viel Uhr es tatsächlich ist, nehmen sich die meisten die Zeit für eine Pause am pausenlosen Pausenbüffet. Es ist, als ob viele jetzt erstmal kräftig durchatmen wollen und dann an die Arbeit gehen. Von jetzt ist alles selbstorganisiert. Keine externe Moderation, keine Zeitansagen, Pausen wenn sie gebraucht werden. Gruppen managen ihre Anliegen samt Berichterstattung, Konfliktbearbeitung, Zeitmanagement, Gesprächsleitung selbst. Neue Anliegen erscheinen zwischendurch an der Anliegenwand (in einer anderen Farbe geschrieben als die Anliegen vom Beginn, damit die Besucher an der Wand gleich erkennen können, was noch dazu gekommen ist) Abgelieferte Berichte werden auf A3 hochkopiert und an der Dokuwand in der Nähe des pausenlosen Pausenbüffets ausgehängt, daneben Formulare für weitere Ideen, Anregungen und Fragen für diejenigen, die in der Kleingruppe nicht dabei waren....bis zur Abendrunde, wenn sich alle wieder im Kreis treffen.

6. High Play and High Learning -Dynamik in open space-Zusammenkünften

Wenn ich diesen Prozess beobachte, bin ich jedes Mal wieder verblüfft, wie die Selbstorganisation der Gruppe (des Systems) zu hoher, verbindlicher Struktur führt. Gerade der „offene Raum" ohne Regeln scheint die Entfaltung wirksamer Strukturen der Zusammenarbeit zu begünstigen. Was auch immer die Kräftefelder sein mögen, sie bewirken in einem chaotisch-verwirrend anmutenden Zusammenspiel eine den Anforderungen angepasste Ordnung.[8]

Dynamik und Struktur von open space-Veranstaltungen werden unter anderem auch von der Länge der Veranstaltung beeinflusst. In meiner Praxis gab es halb- und ganztägige, anderthalbtägige, zwei- und zweieinhalbtägige open space-Veranstaltungen. Falls eine gründliche Diskussion der Anliegen gewünscht wird, einschließlich Ausblick, Handlungsplanung und Verabredung konkreter Schritte, sind ca. 16 Stunden verteilt auf drei Tage aus meiner Erfahrung optimal:

Ein Nachmittag (mindestens 4,5 Stunden), ein ganzer Tag (8 Stunden) und ein weiterer Vormittag, der so genannte „Dritte Tag" (3,5 Stunden). Das zweimal Schlafen, die Möglichkeit in aller Ruhe viele unterschiedliche Anliegen zu besprechen,

---

[8] Siehe „Birth of the Chaordic Age" von Dee W. Hock, Berrett-Koehler Publisher, ISBN 1576750744, Januar 2000

seinem eigenen Rhythmus nachzugehen, Gruppen auch nur für eine kurze Zeit zu besuchen, Projekte zu entwickeln, zu spielen…die Berichte anderer Gruppen zu studieren und seine eigenen Gedanken dazu zu geben…das alles schafft einen fruchtbaren Boden für die Arbeit an konkreten Vorhaben am „Dritten Tag".

Veranstaltungen, die ganze 2,5 Tage (also 2 ganze Tage und einen dritten halben Tag) dauern, scheinen aus meiner Erfahrung nicht erkennbar notwendig zu sein, was die Bearbeitung aller Anliegen oder die Möglichkeiten zu Verabredungen betrifft. Auch aus den Rückmeldungen der Teilnehmenden oder der Veranstalter wird ein Vorteil nicht deutlich. Deswegen schlage ich inzwischen als Höchstdauer einen halben Tag, einen ganzen Tag und den halben „Dritten Tag" für Ausblick und Handlungsplanung vor.

Dieser 16-Stunden Design über drei Tage ist nicht etwa Ergebnis sorgfältiger Überlegungen, sondern ist aus den Rahmenbedingungen von ehrenamtlich tätigen Menschen entstanden, die gleichzeitig berufstätig sind: SchulelternvertreterInnen, Ehrenamtliche MitarbeiterInnen in Vereinen und Kirchengemeinden…aber auch von Projekten und Betrieben, die open space-Veranstaltungen auf Werktage und ein Wochenende verteilen wollen.

Ziemlich häufig sieht das Design dann so aus:
Freitags von 15:00 bis 19:30,
Samstag von 9:30 bis 17:30 und
Sonntag entweder von 10 bis 13:30 oder nachmittags von 13:30 bis 17:00
(mit einem Imbiss von 12:45 bis 13:30,
damit die Küche am Sonntag kalt bleiben kann).

In zweitägigen open space-Veranstaltungen kann auch alles untergebracht werden, auch in anderthalbtägigen…mit Abstrichen! Eine eintägige Zusammenkunft erlaubt eine gründliche Diskussion, einschließlich der Erstellung einer Dokumentation, soweit die Technik gut organisiert ist. Weniger als einen Tag (11% meiner Veranstaltungen): Das ist zum letzten Mal vor 2,5 Jahren vorgekommen und ist kein wirklicher Genuss! Die Tendenz in meiner Praxis zu längeren Veranstaltungen, bei denen auch eine Handlungsplanung einschließlich stabiler Verabredungen möglich ist, ist sicherlich durch die positiven Erfahrungen der Veranstalter mit dieser Form beeinflusst. Heute hinterfrage ich im Kontaktgespräch sehr viel gezielter und deutlicher, ob das open space-Verfahren geeignet ist für Maßnahmen, in die weniger als ein Tag investiert werden soll.

7. Hänschen klein, ging allein, in die weite Welt hinein…Oder: Einmal open space erlebt und schon läuft's!

Das open space-Verfahren ist einfach.
Es kann nicht gelernt oder gelehrt werden aber man kann es erinnern.
Das geschieht auch regelmäßig.
Wie zum Beispiel im Fall von Dominik Wehgartner.
Er beschreibt, wie er nach einer open space-Erfahrung als Teilnehmer (während seiner Oberschulzeit) und einer gehörigen Portion Mumm in kurzer Abfolge drei open

space-Veranstaltungen begleitet, einen Nachfolger in die open space-Arbeit eingear-
beitet und das Verfahren nachhaltig in ein Entwicklungsprojekt eingeführt hat. Und
das alles in einer für ihn neuen Kultur und Sprache.

Hier Auszüge aus seinen E-Mails aus Ecuador, veröffentlicht in der openspace-
deutsch-Liste[9]

Juni 2003

Ich heiße Dominik. Ich bin Berliner, schreibe aber gerade aus einem kleinen Dorf
in den ecuadorianischen Anden, wo ich meinen „Anderen Dienst im Ausland" leiste
(man kann auch Zivi im Ausland dazu sagen). Dieser Dienst beinhaltet mittlerweile
auch open space, dazu gleich mehr, zunächst jedoch ein paar Worte dazu, wie ich zu
open space und dann irgendwann auch hierher gekommen bin:

Ich habe vor einem Jahr das Abitur an der Beethoven-Oberschule in Berlin gemacht und da ich mich in meinem letzten Schuljahr doch noch mal in der Schülervertretung wieder fand, kam ich im Dezember 2001 in den Genuss eines vollen os-
Wochenendes und arbeitete auch im Anschluss daran mit der SV im open space.

Das war mein erster Kontakt mit open space.

Vor einiger Zeit war ich hier bei einer Versammlung, bei der Vertreter von vielen
kleinen Dörfern ihre Wünsche und Bedürfnisse äußerten: Wie können wir uns besser
organisieren? Wie schaffen wir es, unsere Projekte ohne Leitung von außerhalb
durchzuführen? Ich habe dann angefangen, mit dem Gedanken zu spielen, open space
anzubieten…mich im Internet umgeschaut…bis ich einfach überzeugt genug war… es
auf einen Versuch ankommen zu lassen. Mir war klar, dass ich nicht besonders viel
über open space wusste, ich hatte ja lediglich meine Erinnerung und ein wenig Theorie aus dem Internet, weder einen „User's Guide" gelesen noch an einem Seminar
teilgenommen. Egal, ich habe meine Idee dem Direktor des Entwicklungsprojektes
vorgestellt. Er war von der Sache ganz angetan…Ende März 2003 habe ich dann
meinen ersten open space begleitet.

Die Idee war, open space innerhalb der Gruppe der „promotores" einzuführen, die
für die Zusammenarbeit der Projekte mit den Dörfern zuständig sind… ganz einfach
mit dem Ziel, deren Arbeit zu verbessern und auch selbständiger zu machen.

Die os-Veranstaltung Ende März dauerte einen Tag. Die Teilnehmer haben eine
Ahnung davon bekommen, was open space sein kann. Ende Juni wird es mit der
gleichen Gruppe einen zweiten open space geben. Ich arbeit hier bis Ende September,
werde wohl noch einen dritten und letzten open space begleiten… ich bin schon dabei, einer anderen Person die Grundzüge des open space nahe zu bringen, damit sie
das dann weitermacht. Das freut mich unglaublich, so besteht die Chance, dass open
space zur vollen Entfaltung kommt und wirklich etwas ändert.

---

[9] openspacedeutsch ist eine am 23. Januar 2002 gegründete Yahoo Group, konzipiert als online-
Lernwerkstatt für open space-BegleiterInnen auf Deutsch. Gegenwärtig sind 116 Mitglieder regist-
riert. Wer mitmachen will, schickt eine mail an mmpanne@snafu.de.

Am liebsten würde ich jetzt ja für eine Weile an die Küste fahren und mein Hände in vorbeirauschende Wellenwände halten...ich gehe jetzt erst mal ein bisschen raus, mit Freunden laut schreiend Fußball spielen.

Zu seinem zweiten open space schrieb Dominik:
Der open space am 1. und 2. Juli war richtig spitze, echt klasse...auf jeden Fall wollen sie mit der Gruppe zweimal im Jahr so einen zweitägigen open space machen.

Ein paar Tage nach der Veranstaltung hat mich die Bürgermeisterin des Canton Nabon angesprochen, sie hatte von Teilnehmern ein wenig erzählt bekommen und es hat sie interessiert. Ich habe ihr und der Vize dann open space vorgestellt und beide möchten gerne einen zweitägigen os mit dem kompletten Municipio machen. Sie möchte aber in so eine Entscheidung die anderen Landräte mit einbeziehen und bis die informiert sind dauert es noch. Ehrlich gesagt gehe ich aber davon aus, dass es innerhalb der nächsten drei Woche ein Vortreffen und die Veranstaltung dann im Oktober geben wird.

Und so geschah es dann auch!
Am 30. und 31. Oktober fand eine eineinhalbtägige Veranstaltung mit dem Municipio de Nabon statt. Veranstalter war die lokale Regierung des Kantons, das Thema war „UN MUNICIPIO SOLIDARIO Y EFICIENTE APORTANDO Al FUTORO". Es sollen Effizienz und Solidarität innerhalb der Institution gesteigert, eine Vision eines anderen Municipios geäußert und konkrete Pläne zum Aufbruch in diesen Wandel erarbeitet werden. Folgerichtig waren alle im Municipioi arbeitenden eingeladen: Bürgermeisterin, Stadt- und Landräte, Arbeiter, Ingenieure etc.

Es war ein ganz anderer open space als die mit der Promotoren-Gruppe. Die Gruppe war in ihrer Zusammensetzung, Motivation, Herkunft, ihrem Arbeitsverhältnis und Arbeitsalltag völlig unterschiedlich. Für die Gruppe wurde ein Raum geöffnet, in dem „Dinge gesagt wurden, die nie zuvor besprochen wurden", in dem 16 Arbeitsprotokolle entstanden und 6 konkrete Projekte geplant wurden.

Es gab noch eine Veränderung im Vergleich zu den anderen zwei open spaces zuvor: Wir haben zu zweit begleitet, geöffnet, geschützt und geehrt. Nils war dabei, einer der neuen Zivigeneration, und hat mir sehr geholfen.

So, das war's für mich in Ecuador, in drei Wochen bin wieder in Berlin.

8. Zurück in die Zukunft - die „open space-Organisation"

Niemand kann zur open space-Organisation eine deutliche Beschreibung liefern. Einerseits ist es inzwischen breit akzeptiert, Selbstorganisation als einen allen Systemen innewohnenden Prozess zu betrachten und somit auch „open space" als einen Kernzustand aller Systeme zu sehen. Andererseits gibt es nur wenige Organisationen, die regelmäßig und selbstverständlich im „open space" agieren.

In meiner Praxis habe ich erlebt, wie open space wahrgenommenen und eingesetzt wurde und wird. Das für mich eindrücklichste Beispiel ist das Subsystem „Schülervertretung" der Beethoven Oberschule in Berlin-Lankwitz.

Im Dezember 2000 habe ich zusammen mit meiner Kollegin Irmi Grünsteidel einen dreitägigen open space für diese Schülervertretung begleitet (Nr. 50 in meiner Liste von open space-Veranstaltungen). Zwei Monate später wurden wir von der Schülervertretung zu einer ihren regelmäßigen Treffen eingeladen. Dabei haben wir erlebt, wie die Schülervertretung bewusst und wirksam als „open space-Organisation" agierte. In der zweistündigen „Sitzung" wurden alle Anliegen selbstorganisiert in parallel stattfindenden Kleingruppen bearbeitet und die Handlungen für die einzelnen Vorhaben verabredet. Alle waren an der Leitung beteiligt, Verantwortung für Vorhaben wurde selbstverständlich übernommen, Protokolle wurden erstellt. Wir waren von dem „complex adaptive System" Charakter dieses Subsystems überrascht und überwältigt.

In dem „Elternblatt" der Beethoven Oberschule erschien dazu folgender Beitrag:

Die neue SV

Schon vor dreieinhalb Jahren stellte sich der damalige Schulsprecher Christoph Kalz die Frage: „Heißt SV eigentlich Sabbeln ohne Vorwärtskommen?" Auch wir, die wir uns nun schon einige Jahre mit Schüler- Vertretung (so heißt es nämlich eigentlich) befasst haben, konnten uns dieser Frage oft nicht entziehen. Nicht immer interessierte sich jeder SV-Vertreter für jedes der vielen Themen, die in den zwei Stunden pro Monat abgehandelt wurden. Oft reichten diese Stunden durch die vielen Wortbeiträge nicht aus. Das hemmte Produktivität und Motivation.

Natürlich lag die Einführung von Gruppenarbeit nahe. 1998 wurde der Versuch dazu erstmals unternommen, scheiterte allerdings bereits nach einer SV am Fehlen von Vertrautheit mit dem neuen System. Die SV war offensichtlich nicht genügend vorbereitet und somit noch nicht bereit für mehr Verantwortung beim einzelnen und Vertrauen in die Arbeitsergebnisse der anderen Gruppen. Man kehrte zum alten Modell des Plenums zurück, bis zum Dezember 2000, als endlich ein SV-Seminar zum Thema SV-Arbeit stattfand. Ein Wochenende lang lernten die SV-Vertreter „open space" kennen. Es handelt sich hierbei um ein Verfahren, das davon ausgeht, dass jeder, der sich für ein Thema interessiert, bei diesem Thema am besten mitarbeiten kann. Das klingt einleuchtend und simpel und scheint auch und gerade für Schüler das passende Konzept. Kurz zusammengefasst könnte man nämlich sagen: jeder macht genau das, was er will, und jeder macht dabei das Richtige.

Geprägt vom alten Grundsatz: „Jeder macht, was er soll, und zwar vernünftig!" könnten natürlich Kritiker der SV nun Zweifel anmelden, ob mit diesem Prinzip die Produktivität der SV tatsächlich gesteigert wird. Schafft es die SV in kleinen Gruppen, in denen sich niemand mehr „verstecken" kann, eigenverantwortlich die konkreten Interessen der Schülerschaft zu diskutieren und zu vertreten? Um ehrlich zu sein, ich hätte diese Frage vor der letzten SV (der ersten nach dem Seminar) mit „nein" beantwortet. Um so erstaunlicher die Resultate: in etlichen Gruppen wurden zu den verschiedensten Themen – von der Bekämpfung von Nazischmierereien an unserer Schule über das Schüler-Lehrer-Verhältnis und den Projekttag bis hin zu dem Wettbewerb „Schönster Klassenraum" – konkrete Ergebnisse erarbeitet: die in den 7. Klassen bereits eingeführte Sozialstunde soll zur Verbesserung des Schüler-Lehrer-

Verhältnisses und des gesamten Schulklimas auf die 8. und 9. Klassen ausgeweitet werden, zur Bekämpfung der Schmierereien wird eine Fotomappe zusammengestellt usw. Und das alles unter noch nie erlebter Einbeziehung der unteren Jahrgänge.

Endlich scheint die SV mit dem „open space"- Konzept ihre ideale Arbeitsweise gefunden zu haben.

Patricia Schulz
Schülerin des 13. Jahrgangs

2001, 2002 und 2003 wurden die jeweiligen 3-tägigen SV-Wochenenden wieder im open space-Verfahren von uns begleitet (Nr.73, 86 und 107) und die SV-Arbeit nachhaltig in Richtung Selbstorganisation und open space-Organisation weitergeführt. Die Erfahrung mit open space und den Auswirkungen auf die Arbeit der SV veranlasste eine aus Eltern, Schülern und Vertrauenslehrern zusammengesetzte Projektgruppe im Sommer 2001 für die ganze Beethoven Oberschule eine open space-Veranstaltung zum Profil der Schule (an dem jahrelang ohne großen Fortschritt gearbeitet worden war) zu veranstalten. Aus dieser 1,5-tägigen Veranstaltung mit über 112 TeilnehmerInnen (Nr. 64) sind durch mehrere Nachtreffen unterstützte Vorhaben vorangetrieben worden, die den open space-Charakter der Schule an vielen Stellen „durchschimmern" lassen.

In dem Elternblatt der Beethoven Oberschule erschien hierzu folgender Beitrag (gekürzt):

open space - eine erlebnisreiche Erfahrung

Wir waren gut vorangekommen mit unseren vorsommerlichen Vorbereitungen, die Anmeldungen waren verteilt, eine erfolgreiche Werbeaktion gestartet, knapp 120 TeilnehmerInnen angemeldet - jetzt erst mal verschnaufen und ab in die Sommerferien!

Es kam der 11. September und die Terroranschläge in den USA überschatteten auch unsere Veranstaltung. Vor dem Aufbau am Donnerstagnachmittag hatten wir eine lange Diskussion, an der auch Herr Harnischfeger (der Schulleiter) beteiligt war. Ist es angebracht, die Veranstaltung unter diesen Umständen überhaupt zu machen? Werden nicht alle lieber zu der parallel verlaufenden Friedenskundgebung ans Brandenburger Tor gehen? Wir entschieden uns für die Veranstaltung, gegen die Macht des Terrors.

Am Freitagmittag war es dann soweit: Um 14.00 Uhr eröffnete ich im Namen unseres Arbeitskreises Beethovens Zukunft unseren open space und innerhalb kurzer Zeit meldeten sich SchülerInnen, Eltern und LehrerInnen mit 36 verschiedenen Anliegen, die in Gruppen bearbeitet werden wollten. Am Abend erfuhren wir die Ergebnisse von 29 Arbeitsgruppen. Über Nacht erstellten wir eine Dokumentation und am nächsten Morgen hatte jeder die Ergebnisse des Vortages schwarz auf weiß vor sich. Am Samstag haben wir diese Themen weiter bearbeitet und 18 Projekte verabredet.

Einige Beispiele: Umgestaltung des Innenhofes, Internet-Café, Renovierung der Toiletten, Freiluftklasse, Schülerzeitung, Schülerpartnerschaften, Arbeitsraum für

Freistunden, Ressourcenbörse, Meinungsforen, Runder Tisch - Schüler, Eltern und Lehrer sprechen über Schulutopien, etc. In einer zweiten Dokumentation steht wie es weitergeht und wer sich wofür verantwortlich fühlt.

Unsere Veranstaltung hat gezeigt: am besten lässt sich was verändern, wenn es alle gemeinsam wollen und gemeinsam versuchen. Im Hinblick auf die Umsetzung erinnere ich an die eine Ermahnung im open space: Augen auf! Mit Überraschungen ist zu rechnen!

Als ich ein paar Tage später in die Schule kam, sah ich im Flur und im Schulcafé Stellwände der Arbeitgruppe K4 stehen, die sich zum Ziel gesetzt hat, die Kommunikation an der Schule zu verbessern. Die Redakteure der zukünftigen Schülerzeitung nahmen an der Redaktionssitzung des Elternblattes teil, um ihr Know-how zu vertiefen und wahrscheinlich ist noch viel mehr passiert. Wir dürfen gespannt sein, es geht weiter...

Ute Sommer

Seit der Erfahrung mit der Schülervertretung halte ich Ausschau nach weiteren Anzeichen der „open space-Organisation". Inzwischen begegne ich ihnen öfters, wie zum Beispiel in der Deutschen Agentur JUGEND (siehe Veranstaltungen Nr.72, 79, 90, 94, 98 und 109), die open space in ihren Projekten benutzen, in ihrer eigenen Organisation und auch an der Ausbildung von open space-BegleiterInnen beteiligt sind (siehe Training Nr.15 in meiner Website). Außerdem berichten KollegInnen von bewusst wahrgenommener open space-Organisation in Kirchengemeinden in Deutschland und in internationalen Netzwerken (CEE bankwatch network, Junge Osteuropa Experten Netzwerk und Forum).

Auch in dem Zusammenschluss Berliner open space-PraktikerInnen (berlin open space cooperative, boscop) regt sich etwas in dieser Richtung. Nicht zuletzt wird darüber in den Internet Foren und bei den Zusammenkünften von open space-PraktikerInnen diskutiert und die Umrisse solch einer Organisation in der Literatur beschrieben (sowohl an Beispielen wie der Bank von Montreal und einer kanadischen Social Services Organization in „At Work"[10] als auch in den Werken von Harrison Owen)[11]

9. Wörter und Sprache - einige open space-Begriffe

Das open space-Verfahrens wurde 1996 in den deutschsprachigen Raum eingeführt. Seitdem wird nach deutschen Wörtern und Redewendungen gesucht, die mit dem Verfahren kongruent sind. Es brauchte Zeit, sich von dem Amerikanischen zu lösen,

---

[10] At Work, Stories of tomorrows's workplace, Special Issue on open space, Volume 6, Number 2, March/April 1997, Berrett-Koehler Publishers, Inc., ISSN 1061-9925).
[11] The Power of Spirit – How Organizations Transform. Harrison Owen, 2000, Berrett-Koehler Publishers, Inc. ISBN1-57675-090-6

die „Übersetzungen" beiseite zu legen und deutsche Äquivalente zu finden. Dieser Prozess ist weiterhin im Gange.

Hier drei Begriffe aus meiner Praxis als Beispiele:

Begleiter/Begleiterin (herkömmlich: Moderator): Der Begleiter/die Begleiterin *führt* in das open space-Verfahren *ein*, nachdem der Veranstalter den open space *eröffnet hat*. Weder bei der Einführung noch im weiteren open space-Ablauf wird „moderiert". Die Anweisung für den Begleiter/die Begleiterin lautet: Völlig *präsent* zu sein und gleichzeitig *unsichtbar*. Niemand kann sagen, was das genau bedeutet. ModeratorInnen im Gegensatz zu BegleiterInnen sind stets *deutlich sichtbar* sind und somit in ihrer Möglichkeit, präsent zu sein eher eingeschränkt. Die Transformation von *„BeraterIn"*, *„TrainerIn"* oder *„ModeratorIn"* zu *BegleiterIn* ist eine der „nicht leichten" Prozesse im open space. Um in diese spezielle Rolle hineinzuwachsen und sie authentisch wahrzunehmen, sind mehrere Jahre Erfahrung nötig.

Einführung (herkömmlich: An-Moderation): Unmittelbar nach der Eröffnung des open space durch den Veranstalter führt der Begleiter/die Begleiterin in das open space-Verfahren ein. Bei der Einführung sind Leitgedanken für die Begleitung:
- Die TeilnehmerInnen sind freiwillig hier
- Sie sind hochmotiviert
- Sie wissen, um was es geht
- Wichtig ist, dass sie miteinander ins Geschäft kommen, da sie die ExpertInnen sind und alle Ressourcen in ihrer Gruppe zur Verfügung haben, um mit ihrer Sache weiterzukommen... und das um so mehr, je weniger die Begleitung dabei eine Rolle spielt
- Die Begleitung muss zwar ruhig aber auch zügig in das Verfahren einführen, damit die TeilnehmerInnen so schnell wie möglich selbst zum Zuge kommen
- Wenn die Begleitung die Einführung beendet hat, geht sie schnell aus dem Weg und versucht, unsichtbar zu sein und trotzdem „Zeit und Raum zu halten"

In anderen Worten, die TeilnehmerInnen brauchen keine „An-Moderation" (mich erinnert es unweigerlich auch an das Wort „An-mache"). An-Moderation ist ein „Unwort des Jahres" für BegleiterInnen. Im open space muss nicht angewärmt, aufgemuntert oder sonst wie animiert werden. Die TeilnehmerInnen sind bereits wach, wollen loslegen und sich selbstorganisiert an die Arbeit machen.

Anliegen (herkömmlich: Thema): Anliegen sind die Dinge, die den Teilnehmenden unter den Nägeln brennen oder am Herzen liegen. Die Versammlungsgeometrie ist derart gestaltet, dass jemand, der ein Anliegen hat, aufsteht, sich in die Mitte des Kreises begibt, sich dort hinkniet, das Anliegen aufschreibt und es unter Nennung seines Namens der Gruppe kundtut. Das erfordert sehr viel mehr „Leidenschaft und

Verantwortung", als zur Nennung eines Themas notwendig ist und unterstützt die Einbringung von existenziellen Anliegen. Die Verwendung des Begriffes „Anliegen" ist einer der kleinen Bausteine, der im Zusammenhang mit den vielen anderen spezifischen Details in der open space-Veranstaltung den „Geist" von Leidenschaft, Verantwortung und Selbstorganisation unterstützen kann.

10. Ausbildung zum open space-Begleiter

„Open space-Begleitung kann weder gelernt noch gelehrt, möglicherweise aber erinnert werden." (Dieser Satz soll in einem Gespräch zwischen Marvin Weisbord und Harrison Owen gefallen sein.)

Um dieser Erfahrung gerecht zu werden, arbeite ich mit einer fünftägigen Ausbildung, die von den gängigen Mustern abweicht. Sie findet fast ausschließlich im open space statt, auf „inputs" jeglicher Art wird verzichtet. Die Teilnehmenden organisieren sich ihre Erfahrungen und ihre Praxis selbst. Seit 1997 wird das Trainingsdesign konsequent weiterentwickelt. Inzwischen liegen Erfahrungen mit 16 Trainings in Deutschland, Russland, Österreich, Dänemark, Ungarn und Polen vor, in denen sich insgesamt 560 open space-BegleiterInnen ausgebildet haben.[12]

Obgleich ein „Training" zur Begleitung von open space-Veranstaltungen nicht erforderlich ist, bekommen viele BegleiterInnen nach zwei, drei Erfahrungen in der Begleitung von open space-Veranstaltungen deutliche Signale, die zu dem Satz passen „open space ist einfach aber nicht leicht". Das ist in der Regel der Punkt, an dem der intensivere Erfahrungsaustausch mit KollegInnen gesucht oder nach einem „Training" Ausschau gehalten wird. Jetzt ist es einem auch klar, dass das weitere „Erinnern" am ehesten durch konsequente und unmittelbare Bearbeitung von gemeinsam mit anderen gemachten Erfahrungen und am besten im open space gelingen kann.

Hier das Design der vielfach erprobten fünftägigen, erfahrungszentrierten Ausbildung:

Das Training

Das Training besteht aus drei Teilen, alle werden im open space- Format durchgeführt. Teil I ist ein vollständiger open space einschließlich Dokumentation und Handlungsplanung. Die Teilnehmenden legen das Thema fest und bauen den open space selbst auf. Teil II ist ein „open space über open space" zur Reflexion und Auswertung der gerade gemachten Erfahrungen. Hier wird zu Technik und Anwendungsmöglichkeiten des open space- Verfahrens gearbeitet. Teil III ist ein open space über die Rolle des Begleiters: „Ich - open space-BegleiterIn". Dieser Teil wird von den Teilnehmenden selbständig geplant, durchgeführt und ausgewertet.

Eingebettet in das Training sind „Lern-Orte": die open space-Bibliothek, das open space-Kino, die Handbuchwerkstatt und das open space-Museum. Aufkommende Fragen und Antworten werden laufend auf Wandzeitungen gesammelt. Von den 30

---

[12] Für eine chronologische Liste aller Trainings und Berichte von den Trainings siehe
http://www.michaelmpannwitz.de/o_trainings.htm

Stunden des Trainings sind 85 % open space, 10 % selbstorganisierte Planung und 5 % Organisation und Überleitungen. Oder anders ausgedrückt: 0 % Vorträge, 0 % Folien, aber ziemlich genau 100 % vergnügliches Lernen.

Dringende Empfehlung
Die beste Voraussetzung ist, eine open space-Veranstaltung schon miterlebt oder begleitet zu haben. Wenn nicht, so ist die Lektüre des Buches „Open space Technology" von Harrison Owen ein Muss.
Neben diesem Training, das zur Begleitung von open space-Veranstaltungen befähigt, gibt es ein spezielles Trainings für die Entwicklung der spezifischen „BegleiterInnen-Kompetenz" für die Arbeit mit großen Gruppen unter dem Gesichtspunkt „Selbstorganisation" und „ganzes System": „Facilitating the Whole System in the Room" mit Marvin Weisbord und Sandra Janoff. [13] Diese Kompetenz wird von vielen als die eigentliche Herausforderung für open space-BegleiterInnen betrachtet und gehört zu dem „nicht leichten" Teil von open space.

11. Das open space-Netz - eine kleine Auswahl

Open Space on Open Space (OSonOS)
Seit 1993 treffen sich open space-PraktikerInnen zum jährlichen Open Space on Open Space (OSonOS). In den ersten Jahren lud Harrison Owen dazu in seine Nähe (Washington DC) ein. Bald wurde OSonOS flügge, fand in Kanada statt und inzwischen auch außerhalb des nordamerikanischen Kontinentes (Berlin, Melbourne, Fünen und in 2004 in Goa). Der nächste Treffpunkt und die Einladungsgruppe werden jeweils am Ende eines OSonOS verabredet. Diese Treffen enthalten einen dreitägigen open space und werden von PraktikerInnen aus aller Welt besucht.
Viele Initiativen und Projekte auf regionaler und örtlicher Ebene sind aus dem OSonOS hervorgegangen unter anderem auch die Internet Seite www.openspaceworld.org die ausführlichste Quelle zu open space in 15 Sprachen Hier gibt es auch eine Liste aller Email-Gruppen weltweit unter http://www.openspaceworld.org/wiki/wiki/wiki.cgi?OpenSpaceEmail

Lernwerkstatt für open space-BegleiterInnen
Beim open space-Training im Jahre 2001 in Vlotho wurde die Gründung einer jährlichen Zusammenkunft für open space-PraktikerInnen angeregt. Seit 2002 findet sie jährlich in Vlotho statt. Inzwischen versammeln sich dort sowohl PraktikerInnen aus Deutschland, Österreich und der Schweiz als auch deutschsprechende BegleiterInnen aus Frankreich, Polen und Schweden. Das Format ist ein klassischer dreitägiger open space mit dem Titel „Ich, open space BegleiterIn" mit bis zu 50 TeilnehmerInnen. Näheres unter http://www.michaelmpannwitz.de/o_lernwerkstatt2004.htm

---

[13]Für eine detaillierte Beschreibung des Trainings, siehe
http://www.futuresearch.net/method/workshops/descriptions.cfm?wsid=2

Deutschsprachige e-Gruppe
In der Lernwerkstatt 2002 wurde openspacedeutsch@yahoogroups.de angeregt, die sich am 23. Januar 2002 gründete. Gegenwärtig tauschen sich 116 meist in Deutschland arbeitende open space-PraktikerInnen in dieser e-Gruppe aus. Wer an dieser Liste teilnehmen will, wende sich an mmpanne@snafu.de

boscop (berlin open space cooperative)
Seit Ende 2000 entwickelt sich in Berlin die „berlin open space kooperative", ein Zusammenschluss von open space-PraktikerInnen, der inzwischen acht os-PraktikerInnen angehören. Neben dem kollegialen Austausch sind Projekte entstanden, die jeweils von einigen oder allen Mitgliedern getragen werden:
- Trainings für das open space-Verfahren
- Training für die spezielle Arbeit von open space-BegleiterInnen
- open space-Veranstaltungen
- Veröffentlichungen
- Internetauftritt[14],
- Werbung
- Berliner open space on open space (im Juni 2003 mit 50 TeilnehmerInnen) und die
- open space-Landschaft Berlin[15], in der 114 os-Veranstaltungen gelistet sind, die in Berlin stattgefunden haben (Datenbank mit Suchfunktionen nach Branche/Feld/Bereich verknüpfbar mit BegleiterInnen)

---

[14] www.boscop.de
[15] www.openspace-landschaft.de

12. Ausgewählte Literatur

Empfehlen kann ich die vier zurzeit verfügbaren Bücher von Harrison Owen und das „Change Handbook" von Peggy Holman in den amerikanischen Originalausgaben und „The Practice of Peace" sowohl in der amerikanischen als auch der deutschen Fassung.

Von diesen sind alle außer „Open Space Technology – A User's Guide" und das „Change Handbook" über den online-shop http://www.michaelmpannwitz.de/o_order.htm erhältlich.

Gerne würde ich auch uneingeschränkt die von deutschen Verlagen ins Deutsche übersetzten Bücher von Harrison Owen empfehlen können. Sie scheinen aber leider alle ziemlich holter-die-polter übersetzt worden zu sein, wodurch Leichtigkeit, Eleganz und Verständlichkeit des Originals leider, leider verlustig gingen.

Natürlich gibt es einige deutsche Bücher und Artikel, siehe auch http://www.michaelmpannwitz.de/o_literatur.htm aber lesen Sie vor allem und immer wieder Harrison Owen – das Original.

Open Space Technology
A User's Guide, Second Edition, 1997
Harrison Owen
Berrett-Koehler Publishers, Inc. San Francisco

Expanding Our Now
The Story of Open Space Technology, 1997
Harrison Owen
Berrett-Koehler Publishers, Inc. San Francisco

The Spirit of Leadership
Liberating the Leader in Each of Us, 1999
Harrison Owen
Berrett-Koehler Publishers, Inc. San Francisco

Power of Spirit:
How Organizations Transform, 2000
Harrison Owen
Berrett-Koehler Publishers, Inc. San Francisco

The Change Handbook
Group Methods for Shaping the Future, 1999
Peggy Holman and Tom Devane
Berrett-Koehler Publishers, Inc. San Francisco

Autorinnen und Autoren

Prof. Dr. Stephan Laske, Studium der Betriebswirtschaftslehre in München und Hamburg, von 1970 – 1977 Assistententätigkeit an den Universitäten München und Wuppertal, 1977 Berufung an die Universität Hannover; seit 1980 Universitätsprofessor für Betriebswirtschaftslehre und Wirtschaftspädagogik an der Universität Innsbruck, zahlreiche Funktionen im Universitätsmanagement (u.a. Dekan, Senatsvorsitzender, Universitätsrat); Lehr- und Forschungserfahrungen an Universitäten in Australien, Deutschland, Österreich und Schweden. Aktuelle Hauptarbeitsgebiete: Personalführung, Personal- und Organisationsentwicklung, Universitätssteuerung und – entwicklung. E-Mail: stephan.laske@uibk.ac.at

Peter Maas, Dipl.-Psychologe, Personalberater und -trainer, maas-training, Düsseldorf. Vor der Selbständigkeit 1996 Berater bei der DGP, Düsseldorf und Projektleiter (Seniorberater) bei Kienbaum Consulting. In Kooperation mit der HÜF verantwortlich für die Fortbildung von Führungskräften an den Hochschulen in NRW, Trainings in den Bereichen: Führung, Kommunikation und Arbeitstechniken. E-Mail: p.maas@maas-training.de

Claudia Meister-Scheytt, Studium der Betriebswirtschaftslehre und der Wirtschaftswissenschaft in Frankfurt/M. und Witten/Herdecke, seit 1996 tätig am Institut für Organisation und Lernen der Universität Innsbruck als Assistentin und Forschungsprojektmitarbeiterin in Drittmittelprojekten. Forschung und Beratung von Hochschulen im deutschsprachigen Raum zu folgenden Hauptarbeitsgebieten: Personal- und Organisationsentwicklung, Hochschulsteuerung und -führung, Strategieentwicklung, Hochschulfinanzierung. E-Mail: claudia.meister-scheytt@uibk.ac.at

Prof. Dr. Heiner Minssen, Geschäftsführender Direktor des Instituts für Arbeitswissenschaft an der Ruhr-Universität Bochum und Inhaber des Lehrstuhls für "Arbeitsorganisation und Arbeitsgestaltung". U.a. Herausgeber des Buches: "Begrenzte Entgrenzungen – Zum Wandel von Organisation und Arbeit", Berlin 1999 und Autor des Buches: "Von der Hierarchie zum Diskurs? Die Zumutungen der Selbstregulation", München und Mering 1999. E-Mail: heiner.minssen@rub.de

Dr. Christina Reinhardt, Leiterin der Stabstelle für Personalentwicklung an der Ruhr-Universität Bochum. Nach dem Studium der Geographie Promotion über Konstruktivismus in der empirischen Sozialforschung und Arbeit in verschiedenen hochschuldidaktischen Projekten und in der Erwachsenenbildung. Seit 2000 in der Verwaltung der Ruhr-Universität Bochum beschäftigt, zunächst mit der Umsetzung des Landesgleichstellungsgesetzes, seit zwei Jahren als Personalentwicklerin. E-Mail: christina.reinhardt@rub.de

Dr. theol. habil. Ferdinand Rohrhirsch: Privatdozent für Praktische Philosophie an der Theologischen Fakultät der KatholischenUniversität Eichstätt. Beschäftigung mit führungsphilosophischen Themen, Beratung privater und öffentlicher Organisationen in Unternehmens- und Wirtschaftspraxis, Referent, Autor des Buches: "Führen durch Persönlichkeit - Abschied von der Führungstechnik", Gabler Verlag 2002. E-Mail: ferdinand.rohrhirsch@eo-nw-2.ku-eichstaett.de

Monika Rühl, Deutsche Lufthansa Aktiengesellschaft, Leiterin Change Management und Diversity. Zuvor 6 Jahre lang Beauftragte für Chancengleichheit. Nach ihrem Studium der Anglistik, Mathematik, Pädagogik und Philosophie u.a. Assistentin des Geschäftsführers einer Stiftung und Produktionsassistentin einer TV-Produktion. 1991 Eintritt bei der Lufthansa als Flugbegleiterin. Von 1994 - 2001 ehrenamtliche Richterin am Arbeitsgericht in Berlin, seit 2002 beim Landesarbeitsgericht in Frankfurt. E-Mail: monika.ruehl@dlh.de

Michael M Pannwitz, Berater für Organisationstransformation und Open Space Begleiter. Von 1958 bis 1972 Studium und Berufstätigkeit in kommunalen und kirchlichen Einrichtungen in den USA. Bis 1999 Sozialplaner für die Evangelische Kirche in Berlin, seitdem selbständiger Berater. Schwerpunkte: Arbeit mit großen Gruppen, Selbstorganisation und Beteiligung, Mitbegründer von boscop, der Berliner Open Space Kooperative. E-Mail: mmpanne@snafu.de

Dr. Katrina Petri, Con.Cord.Consulting, Bernried. Organisationsberaterin, Psychotherapeutin, Ärztin, Dozentin für Organisations-Entwicklung in Executive MBA Programmen am European Business College in München. Ausbildungen in Boston, Massachusetts, Portland, Oregon, München und Freiburg. Schwerpunkte: Organisations-Lernen, Organisations-Kultur, Unternehmens-Integration (Fusion), Open Space, Interkulturelle OE-Projekte, Systemische Selbstorganisation, Großgruppen-Interventionen, Teambuilding, Leadership, Training und Coaching. E-Mail: katrina.petri@t-online.de

Dr. Rüdiger Piorr, Dipl.-Sozialwissenschaftler und Wissenschaftlicher Mitarbeiter am Institut für Arbeitswissenschaft, Ruhr-Universität Bochum und selbständiger Berater der Firma bkp. Schwerpunkte: Diagnostik, Personalführung, Personalentwicklung, Gesundheitsmanagement. E-Mail: ruediger.piorr@rub.de

BÜCHER UND HEFTE DES UVW-VERLAGS

Alle Bücher des UWV-Verlags können Sie im Buchhandel
oder über email direkt beim Verlag bestellen:
info@universitaetsverlagwebler.de

Ausführlichere Informationen zu unseren Publikationen finden Sie auf der
Verlags-Homepage: www.universitaetsverlagwebler.de

- *Blom, H.:* **Der Dozent als Coach**
  Neuwied 2000 - ISBN 3-937026-15-0 - 123 Seiten - 15.90 €

- *Bock, K.-D.:* **Seminar-/Hausarbeiten ... betreut, gezielt als Trainingsfeld für wissenschaftliche Kompetenzen genutzt - ein Schlüssel zur Verbesserung von Lehre und zur Reform von Studiengängen.** Bielefeld 2004 - ISBN 3-937026-29-0 - 48 Seiten - 9.95 €

- *Boettcher, W./Meer, D. (Hg.):* **"Ich hab nur ne ganz kurze Frage"- Umgang mit knappen Ressourcen**
  Neuwied 2000 - ISBN 3-937026-14-2 - 204 Seiten - 13.00 €

- *Ehlert, H./Welbers U. (Hg.):* **Handbuch Praxisintiativen an Hochschulen**
  Neuwied 1999 - ISBN 3-937026-19-3 - 365 Seiten - 24.50 €

- *Goerts, W. (Hg.):* **Projektveranstaltungen in den Sozialwissenschaften**
  Bielefeld 2003 - ISBN 3-937026-01-0 - 98 Seiten- 14.00 €

- *Goerts, W. (Hg.):* **Projektveranstaltungen in Mathematik, Informatik und Ingenieurwissenschaften**
  Bielefeld 2003 - ISBN 3-937026-00-2 - 142 Seiten - 20.90 €

- *Hanft, A. (Hg.):* **Grundbegriffe des Hochschulmanagements**
  Bielefeld 2004 2. (unv.) Aufl. - ISBN 3-937026-17-7 - 525 Seiten - 34.20 €

- *Hanft, A. (Hg.):* **Hochschulen managen?**
  Neuwied 2000 - ISBN 3-937026-06-1 - 272 Seiten - 30.00 €

- *Hermanns, A./Glogger, A.:* **Management des Hochschul-Sponsoring**
  Neuwied 1998 - ISBN 3-937026-21-5 - 143 Seiten - 14.00 €

- *Henseler, A.:* **Kosten- und Leistungsrechnung an Hochschulen**
  Bielefeld 2004 - ISBN 3-937026-12-6 - 36 Seiten - 9.95 €

- *Hoffacker, W.:* **Die Universität des 21. Jahrhunderts**
  Neuwied 2000 - ISBN 3-937026-05-3 - 239 Seiten - 24.50 €

- *IZHD Hamburg (Hg.):* **"Master of Higher Education"**
  Bielefeld 2004 - ISBN 3-937026-25-8 - 239 Seiten - 22.80 €

- *Kruse O./Jakobs, E-M./Ruhmann G.:* **Schlüsselkompetenz Schreiben**
  Bielefeld 2003 - 2. Auflage - ISBN 3-937026-07-X - 333 Seiten - 24.50 €

- *Michl, W./Krupp, P./Stry, Y. (Hg.)*: **Didaktische Profile der Fachhochschulen**
  Neuwied 1998 - ISBN 3-937026-24-X - 145 Seiten - 9.95 €

- *Oehler, C.*: **Staatliche Hochschulplanung in Deutschland**
  Neuwied 2000 - ISBN 3-937026-13-4 - 400 Seiten - 35.00 €

- *Orth, H.*: **Schlüsselqualifikationen an deutschen Hochschulen**
  Neuwied 1999 - ISBN 3-937026-08-8 - 121 Seiten - 14.00 €

- *Reinhardt, C.*: **Verborgene Bilder - grosse Wirkung**
  Bielefeld 2004 - ISBN 3-937026-28-2 - 104 Seiten - 14.00 €

- *Rittersbacher, C.*: **The Spirit of Proverbs. Ein Seminar über Sprichwörter**
  Bielefeld 2003 - ISBN 3-937026-03-7 - 44 Seiten - 9.80 €

- *Schröder-Gronostary, M./Daniel, H-D. (Hg.)*: **Studienerfolg und Studienabbruch**
  Neuwied 2000 - ISBN 3-937026-16-9 - 254 Seiten - 29.50 €

- *Schulze-Krüdener, J./Homfeld, H-G. (Hg.)*: **Praktikum - eine Brücke schlagen zwischen Wissenschaft und Beruf**
  Bielefeld 2003 - 2. Auflage - ISBN 3-937026-04-5 - 220 Seiten - 14.50 €

- *Schwarz, S./Teichler, U. (Hg.)*: **Credits an deutschen Hochschulen**
  Neuwied 2000 - ISBN 3-937026-10-X - 242 Seiten - 20.00 €

- *Webler, Wolff-Dietrich:* **Lehrkompetenz - über eine komplexe Kombination aus Wissen, Ethik, Handlungsfähigkeit und Praxisentwicklung.** Bielefeld 2004 - ISBN 3-937026-27-4 - 45 Seiten - 9.95 €

- *Welbers, U. (Hg.)*: **Das integrierte Handlungskonzept Studienreform**
  Neuwied 1997 - ISBN 3-937026-20-7 - 365 Seiten - 15.00 €

- *Welbers, U. (Hg.)*: **Studienreform mit Bachelor und Master**
  Bielefeld 2003 - 2. Auflage - ISBN 3-937026-11-8 - 528 Seiten - 29.50 €

- *Wildt, J./Gaus, O.*: **Journalistisches Schreiben für Wissenschaftler**
  Neuwied 2001 - ISBN 3-937026-09-6 - 138 Seiten - 19.95 €

- *Wunderlich, O. (Hg.)*: **Entfesselte Wissenschaft.**
  Bielefeld 2004 - ISBN 3-937026-26-6 - 188 Seiten - 24.00 €